過勞腦

讓大腦一例一休
情緒排毒的
8週正念計畫

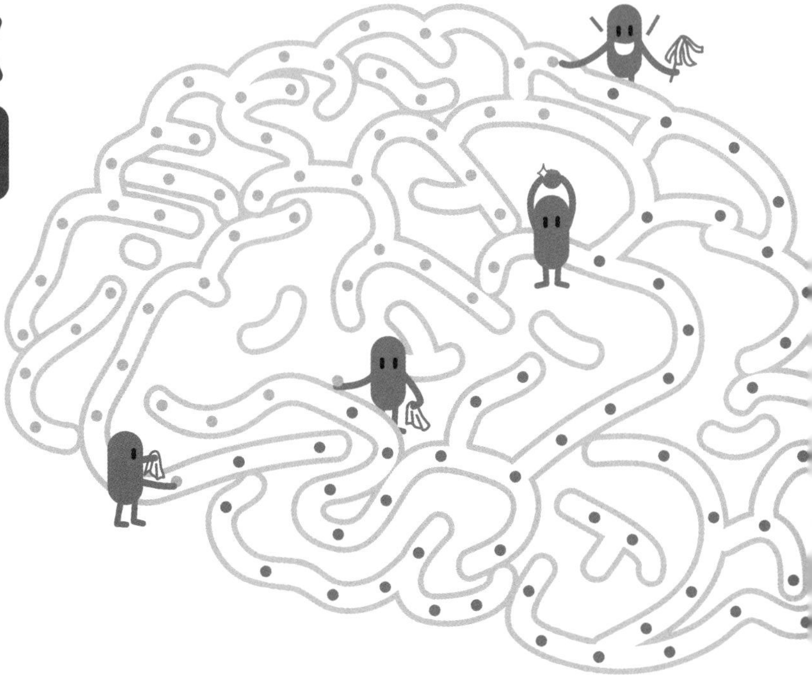

趙安安 著

一起正念，樂活推薦

這個理性「正念」，再加上我的感性「正念」，根本就是完美。追求正面的路上，有感性的辦法，當然也有理性的管道。

作家、作詞人／許常德

覺察是改變的開始，學習正念，就擁有改變的瞬間。

諮商心理師、暢銷作家／貴婦奈奈

如果在臨死之前幾個小時，只能選擇生平所學的一件事再次叮嚀後人，你將會選擇什麼?兩千五百年前的智者釋迦牟尼做出的選擇是「正念訓練」。

本書作者趙安安老師在經歷人生低潮時，遇見歐美流行的正念課，正念改變了她的生命，如今她結合豐富的當代心理學論述、西方正念名人的故事及個人學習、教學經驗，構成一本實用的正念自我學習書。

此書附有八週練習作業和引導詞音檔，非常推薦給希望在家中自學正念的朋友。

臺灣正念發展協會理事長／溫宗堃

導讀

當東方的哲學遇上西方的科學

香港大學心理系前系主任／高尚仁

人類文明的演進以豐富的文化內涵為動力，始能獲得舉世的輝煌。東西文明數千年來，分別以獨特的文化面貌累積成當今優秀的傳統和資產。文化的交流是雙向的影響和感動，中國的文化傳承是舉世的功業，照亮和引領我們五千年。在跨文化的互動、互惠及共榮的美好經驗中，我們永遠受益於文化精髓的原性與初心，它驅動、美善了文化的力量，創造出進步及超越。這就是「不忘初心，牢記使命，方得始終」的基本精神，也是中國文化傳統對於人性和心理最高階、最深層的闡釋和展現。

殊途同歸的東、西方思維模式

心理意識和物質世界關係的分與合，是中西文化在本體論上的差異，這也衍生出探索與理解世界的不同路徑。對西方人而言，由於主張心物分離，所以對世界的探索是經由將結構分拆成塊、各自了解後再組裝，即是所謂的解構還原，從本體論、認識論到方法論，都是不斷切割的思維模式，因此發展出科學和邏輯的推理方法，藉由拼湊組合細節以觀全貌，來認識整個世界及整個宇宙。

東方人卻不是這樣想，源於心物一元的本體論，導致出現了整體、系統的認識論，但我們如何認識整體？如何更加了解這個系統？那就透過往內在探索、反觀覺察、關照自己的思維和方法。因為心物是一元的，把自己看得明白透徹，便能夠對世界有所認識。因此，我們想了解宇宙和世界，得先從了解自己的精神內在開始，在趨近真理的途徑上，東方是透過反觀內照、返璞歸真，西方則是向外以科學和邏輯推理追求真理，兩者有共同的目標，路徑卻大不相同，殊途而同歸。

回歸初心的正念

「不忘初心」是中國的傳統哲思和文化核心，重視往內發現自有本性。儒者孟子言：「人之初，性本善。」《大學》記載：「大學之道在明明德，在親民，在止於至善。」每個人內在都具備光明德性，要如何找回明德和至善的本心？「知止而後有定，定而後能靜，靜而後能安，安而後能慮，慮而後能得。」全心全力，求諸自己，乃是正道。

正念便是練習將心思拉回時空當下，定錨在呼吸或身體上觀照自己，於安靜、安定的狀態中觀察自己的起心動念。過程中，讓內在智慧逐漸顯現，不再堅持成見。開放自己，也許會出現一些從未想過、深富創思的洞見。佛家說，明心見性，見性成佛，心思清淨澄明，便能看到自己本具的佛性；道家說返璞歸真，亦即當心能夠依循天道，致虛極守靜篤、不生雜念無思慮，就可以回到真理的源頭。儒釋道共同傳遞的理念是，人若要自我實現或自我超越，就必須讓心境安靜清淨，才能回歸內在光明的初始本性，那是真理的源點，也是最終的目的，即所謂「不忘初心，方得始終」。

用科學驗證正念的力量

如何用科學的語言和內涵重新論述中國傳統文化裡的思想觀念，並且讓傳統文化能夠傳播、弘揚於全世界？則必須踏著科學的路徑，向外探索求真，以實驗和調查來驗證，方能融合傳統與現代的精華，構建新的文化內涵和意義。近年來，最重要且廣受全球追隨的東方文化之一，就是正念。

風靡西方的正念課程，在中國原是禪宗的個人修行之道，經由美國的卡巴金博士去除宗教色彩後，將正念課程轉化成一套科學化、系統化的操作方法。這讓千百年來只存在於廟堂和小眾的正念得以傳播到全世界，也回歸到華人社會生活中。為什麼它在西方能廣受歡迎？便是因為它經過科學驗證，具有正面影響，能提高自我認識、促進身心健康、改善人際關係等積極效果和好處。

西方廣泛使用的認知行為療法，是要人們察覺自己的想法中扭曲的成分，並以正面的思想轉念。正念則主張讓個人能覺察自己有負面扭曲的想法，但不企圖矯正它，不批判也不執著於任一念頭，以無為、不變、自然的態度自我調整。

東方難以言明的古老智慧，在西方卻被視為流行的健康生活方式，此正是中華文化現代化的絕佳範例。又如在中華文化中被視為藝術的書法，也被現代科學證實其對身心健康具有改善功效，已然從「書法藝術」衍生為「書法治療」。東方傳統文化要在世界傳開，廣益人們的身心健康、幸福喜樂，現代化和科學化是理想的路徑。古藝可解新愁！文化初心乃道！

目錄

前言
練習正念，改變你的大腦，創造更好的人生

正念，大道至簡。看似簡單力量強大，底蘊卻非常深遠。

一直以來，東、西方文化對心靈概念的理解與領會有著不同看法。對西方人來說，內在心理意識和外在物質世界呈現對立狀態，因而衍伸出唯物主義與唯心主義，主觀的心和客觀的物分離，此為「心物二元論」。然而，東方傳統文化的世界宇宙觀主張心物合一，內在心理意識和外在物質世界並非對立關係，而是相連互通，採用的是「心物一元論」，如明代思想家王陽明的心學所說的心外無物，心外無理，佛家所說的不二法門。

西方啟蒙運動提倡理性思想，人和天形成對立關係。客觀的思考方式促進科學革命，客觀的科學研究成果可以被教育傳揚，形成一般人能了解的科普知識，對平凡人來說，科學是幫助我們開啟理解這個世界的方法。

東方則主張天人合一的心靈觀，天人合一的思想來自聖賢先人的體驗，然而這種

經驗難以用語言傳達，所謂「道可道，非常道」，真正領悟者少之又少。多數人認為東方的科技遠遠落後於西方，但並不代表東方的思想落後於西方，西方的科學普及了人類的知識，當科學進步到極致，想要再往前，反而需要憑藉東方的哲學。

企業也重視的正念學習

天人對立是客觀的理解，其目的在於以客觀角度分析，形成對世界透徹的知識。天人合一則是主觀的經驗，如果失去主觀的經驗和行動，只有客觀角度，永遠無法對自己、甚至對世界有深入理解。因此，天人合一或對立並不是衝突，而是辯證，兩者相輔相成。橫跨東西文化的現代人，知行合一是我們要做的真功夫。源自東方的正念，透過西方大量的科學研究驗證，只要你願意每天都花一點時間來做練習，八週後就會感受到轉變。

矽谷的科技企業Apple、Facebook及Google，都為員工開設正念課程，也鼓勵企業外的人一起學習，例如Apple就將正念內建在ＩＯＳ系統裡，和睡眠、營養、健身等ＡＰＰ並列為保持健康的四大支柱，讓使用者可隨時隨地練習。Google將正念重新包裝，推出一套名為「搜尋內在自我」（Search Inside Yourself）的訓練課程。正念已被研究發現可提高創造力，不僅如此，學習正念後，會發現專注力大幅提高，可花更少時間把事情完成，工作效率因此提高。

人通常對自己注意力的散失是不知不覺的，但在開始練習察覺自己注意力飄散的時候，就重新將注意力擺放回當下要做的事情。練習越多，覺察就越敏銳，漸漸就能變成一個先知先覺的人，在發現注意力即將飄散前就能知曉，立即調整讓自己的心思意念保持專注。

身處高度壓力的工作環境，又必須保持清晰的腦袋是很不容易的，一般人通常壓力大就容易慌了手腳、無法理性，這是大腦先天形成的機制，當我們面臨威脅，就會走向情緒化的決策。但練習正念後，大腦會發生改變，面對有壓力的情境仍能維持理性決策。華爾街知名投資機構美林和高盛、諮詢公司麥肯錫和埃森哲，都為員工開設正念課程。

經過科學驗證的徹底改變

除了應用在職場，正念也在學校裡被推廣，哈佛、史丹福及最多世界五百強CEO就讀的西點軍校，皆為學生提供正念課程。研究發現，學生練習正念後記憶力變好，成績隨之提高，牛津大學更設立正念中心，專門培養人才從事正念研究和教學。

正念學習的過程是讓你放鬆充電，學習覺察自己目前的情緒狀況，即使有負面情緒，不抗拒也不執著，接納自己所有的情緒，慢慢把它轉化成正面力量，就會變得更快樂。我們也會更懂得聆聽身體的訊息，以身體需要的方式去使它變得健康，研究顯示，正念對心血管疾病、消化性疾病、慢性疼痛、肥胖症等身心症狀的康復皆有助益。

學習正念幫助的不只是自己，身邊的人也會因為你內在的變化而得益。你將變得更有同理心和慈悲心，待人處世越來越和諧。研究顯示，夫妻或父母練習正念，和伴侶與孩子間的關係變好，職場人際關係也改善了。在八週課程後持續練習一年，性格竟然也可以改變。有句話說：江山易改，本性難移，為什麼正念可以改變性格？那是因為我們的大腦結構和神經迴路改變了。長期練習正念的人，情緒穩定度會提高，在面對困難壓力時不易被負面情緒困擾，也更盡責自律，能自動自發、按部就班的完成任務。

正念已經蔚為風潮，二〇一四年，《時代雜誌》甚至把這個風潮稱為「正念革命」，並登上當期封面。這個在西方風風火火的課程，創始者卻是東方人。當初釋迦摩尼在菩提樹下證道的過程，其實就是正念的課程內容。正念減壓療法（Mindfulness Based Stress Reduction，MBSR）的創辦人喬·卡巴金博士（Jon Kabat-Zinn）將釋迦摩尼的教導系統化和科學化，除去宗教色彩，變成一套人人可練、簡單易懂的八週正念減壓課程，助人離苦得樂，達至平靜和智慧。從八〇年代開始在醫院推廣給慢性疼痛病人，由於成效卓著，逐漸走入企業、社區、學校等不同場域。

讓正念使你的人生更美好

正念，就是帶著慈悲和放鬆，專注在每一刻的當下。

我多年前和正念相識，那時的我一夕之間失去了感情與事業，身處人生的低潮，在學習正念的過程中，心中的傷口逐漸癒合。我的智慧增長了，逐漸看到事情的本質及自己的面貌；我的勇氣增加了，不再害怕眼前碰到的困難；我的慈悲心也提高了，選擇原諒寬恕，感恩一切的發生。

我變得更加堅強勇敢，同時保有一顆溫柔友愛的心。正念讓我放下過去，活在當下，創造未來，幫助我重新站起來，開創自己的事業，照顧關愛身旁的人，和自己和好，也和他人和好。身旁的人都覺得我的復原力不可思議，但我要說這都是正念的功勞。

人因為不想得到壞結局所以改變自己，這是初期層次，讓我們得以開啟修身養性的旅程。我們在登頂之旅中越爬越高，「會當凌絕頂，一覽眾山小」，漸漸的，我們會從害怕受罰、認罪懺悔的層次去到另一個更高的層次：你真心的愛自己、愛眾生，希望自己和他人都幸福，所以願意改變自己。從懺悔贖罪，到願意原諒自己和他人、放下心中憤怒和怨恨，修正自己的行為，讓自己越來越好，世界越來越和平。

我的生命改變了，我相信它也可以讓你的生命改變，幫助你更有智慧，有勇氣，充滿愛。你會發現快樂的元素已然具足，不假外求。正念是件簡單的事，卻帶來無比的力量。我要邀請你，讓正念進入你的生活，帶你活出不一樣的人生。

第一章

正念是什麼

1-1 正念是當下的專注與覺察

正念的「念」，指的是當下的想法念頭，老祖先的造字真有智慧，「今」、「心」為念，問問自己：如今我的心在哪裡？覺察自己此時的心，觀照自己此刻的心，這就是念。那麼，該如何覺察？如何觀照？要基於事實，而非跟隨自己的想像或編撰；正念的「正」，即為「不妄不虛」，不讓念頭成為妄想和虛構，一旦進入自己想像或編撰的虛構和妄想，念頭就偏離不正了。正念是時時刻刻，不加評斷的覺知，放下自我的執念，專注覺察當下發生的一切。

在諮詢室中，常常有很多人說：「不知不覺這麼多年過去了，不知道自己到底在幹嘛。」這些來訪者總是在擔心明天，卻又緬懷昨日，把精力都浪費在昨天和明天，所以沒有辦法把今天過好，一個又一個空白的今天，不知不覺就老了。你是不是也有類似的感覺？學習正念，可以讓我們具備旁觀者清的能力，換句話說，我們是自己的觀察者，可以看清楚自己的心思變化。

慢慢來，比較快

如今的社會陷入一種狀態，我稱之為「瞎忙症候群」，大家都很忙，好像陀螺一樣轉來轉去，但很多時候陀螺都在原地打轉，回顧自己到底做了什麼？你會發現好像忙的程度跟真正達到效果的程度不成正比。

有一句話說「慢慢來，比較快」，有研究發現，如果受試者以正念的方式工作，他們在工作上可以節省約二十％到四十％的時間，所以當我們願意專心做一件事時，雖然表面上好像在浪費時間，不是應該一次做五件事情比較快嗎？但就結果而言，你願意專心先把一件事做完，再做另外一件事的效率，其實更快過那些一次做五件事的人。同時做很多事情，越忙越有效率，這真的只是一個迷思，如果我們仔細去看成果，從完成事情的滿意度或花費的時間來看，其實一次只做一件事是聰明的選擇，慢慢來，真的比較快。

特別在現代忙碌的社會裡，你可能覺得慢慢來太難了，沒有時間。一行禪師和他的朋友艾倫曾有一段對話，說明了這個問題的解決方法。

一行禪師問艾倫：「你覺得家庭生活輕鬆嗎？」

艾倫沒有直接回答，他說：「自從小女兒出生後，我已經幾個禮拜沒睡好了，但現在我試著不再去分割時間，我把陪大兒子的時間也當作自己的時間，教他寫作業時，我想辦法把他的時間看成自己的，我和他一起寫作業，感受他的存在，並且想辦法讓自己對我們在那段時間裡做的事感興趣，結果不可思議的是，現在我有了無限的時間給自己。」

有許多正念課程的學員跟我分享，以前的生活總是汲汲營營，現在漸漸變得從容不迫，就像艾倫在陪伴兒子學習時，對於當下保持清醒的覺知，所以他擁有了無限的時間。我也有深刻的體驗，在學習正念前，常覺得工作時間不夠用，但練習正念後，我能夠更專注、有效率的完成工作，並且是在放鬆從容、不慌不忙的狀態下。即便在工作中，細細體會打字時手指的觸感，仔細聆聽同事說話時背後的情緒，真真切切活在當下，我發現我的時間好像變多了，一天二十四小時似乎變成了四十八小時。

從華爾街的投資銀行到矽谷高科技公司，從一流顧問公司到世界知名教育學府，它們都在開設正念課程，鼓勵員工或學生練習正念。這些都是走在世界最前端的機構，必須具備最快的創新，最高的效率，為什麼願意讓人花時間練習正念？因為它們發現成員在練習正念後，創造力、專注力、抗壓性和身心健康都有所提升。此外，實證顯示學習正念的主管，做事（創造績效的能力）和帶人（領導部屬的能力）都變得更好，所以這些單位持續在企業內推廣正念訓練。

蘋果創辦人賈伯斯年輕時曾經花了七個月在印度學習冥想，賈伯斯親口說過：「印度的冥想時光塑造了我的世界觀，並最終影響了蘋果的產品設計。」。基金教父雷・達里歐（Ray Dalio）堅持冥想已經四十多年，他說：「冥想是幫助我成功的最重要因素。」這些偉大的企業家都從正念中學會了提高工作效率、集中專注的方法，開拓了創新思考的潛能和心靈平靜的力量。

正念並不等於冥想和打坐

大部分人會以為正念就是「冥想打坐」，其實正念包含很多形式，不只是冥想打坐時才正念，吃東西、甚至走路也可以很正念。它是一種態度，你可以應用在生活中各個層面。

當人進入正念冥想（mindfulness meditation）時，身體的肌肉是放鬆的，但是精神意念是集中的。這其中有兩種層面：第一個層面是將你的意念固定在一個點上，如自己的呼吸，或有些宗教的冥想可能會重複念某個經文或咒語；第二層面是廣泛的打開所有感官去察覺你的內外，所有聽到的聲音、聞到的味道、空氣的溫度，甚至察覺身體各部位的感覺，心裡的情緒還有頭腦的想法。

前者的正念冥想法是把你的意識收窄，專注在一件事上，稱之為「集中式覺察（Focus Attention）」；後者的正念冥想法是在冥想當下全然的開放，去感受和觀察，將意識感官整個打開，全然的覺知發生的一切，稱之為「開放式覺察（Open Monitoring）」，敞開自己覺察當下，心會逐漸變得寬廣，我們學習接受一切事物，不帶好惡評判。

我曾看過一部紀錄片，片中的主持人去訪問每個行業中的頂尖專家，包括享譽國際的神經外科醫生、米其林三星餐廳主廚或國寶級雕塑大師。他們都分享了自己在工作時的狀態：**全然投注在自己每一個工作步驟上，以至於他們的感官可以放大數倍，能夠察覺到許多細微變化**。例如神經外科醫生在開刀時，他能夠察覺病人神經的細微變化；米其林三星主廚在料理時，能感覺到食材的細微變化；雕塑大師在捏陶時，可以感受到陶土在他手中的細微變化。這些都需要我們把全部的注意力放在當下，打開感官，好好去覺察自己的每一步在做什麼。

有一個故事是這樣的，有一個僧人得道了。小和尚問他：「師父，你得道前在做什麼？」師父回答：「吃飯、掃地、砍柴。」

小和尚又問：「那得道之後呢？」師父說：「吃飯、掃地、砍柴。」

小和尚說：「兩者差別在哪裡？」

師父說：「以前我是吃飯的時候想著砍柴，砍柴的時候想著掃地，掃地時想著吃飯。現在吃飯的時候吃飯，砍柴的時候砍柴，掃地的時候掃地，也就是，活在當下。」

師父的心思意念不偏離，就只放在當下該做的事情上，而且是打開所有感官，細細品味當下每一件事，包括砍柴的力度、掃地的角度、煮飯的溫度等，他都能夠一一感受，這也是練習正念中最重要的第一步：學習覺察。

開放式覺察的練習

為了讓大家更了解什麼是開放式覺察，我想讓大家玩一個遊戲。

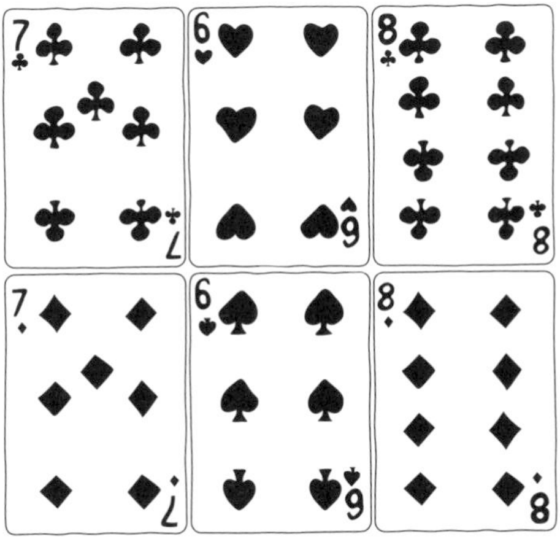

① 首先在六張牌中隨便選一張，在心裡想好、記住。

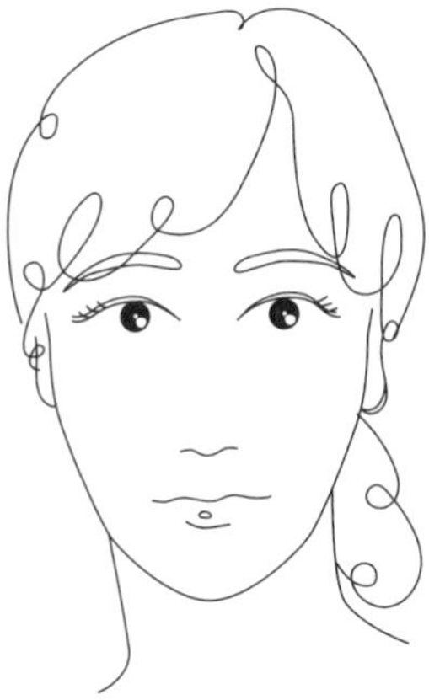

② 接著，仔細看著她的眼睛，想著你的牌。

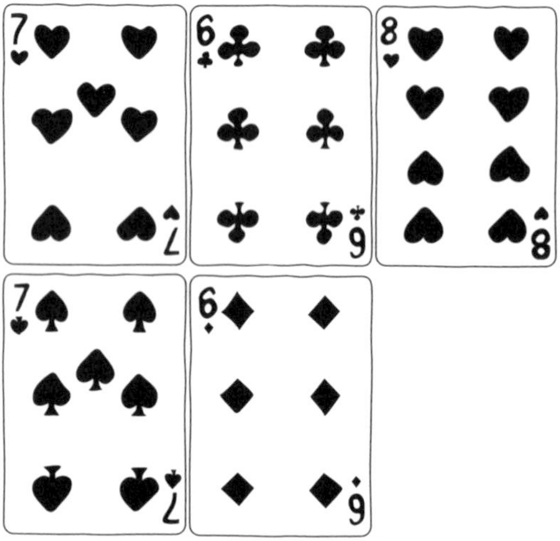

③ 我已經把你心裡的牌拿走了。

「哇！好驚訝！」這是大家結束遊戲時的反應。我第一次玩的時候也是，第二次玩就發現端倪了。第一次玩時，所有注意力都只放在被拿走的牌上。但是第二次玩時，你不只會注意你挑選的牌，也會注意周遭所有的牌，你是開放的覺察當下所有的訊息，因此就會發現，雖然後面沒有出現你挑選的牌，但也察覺到所有牌都換掉了。

在未來的八週練習課程裡，大家從集中式覺察開始練習，漸漸到開放式覺察練習，開放自己去覺察和接納你的身體、情緒、想法與環境。

1-2 每日練正念，健康又快樂

正念練習初期可以跟著引導音檔或文字練習，練習久了後，大腦形成固定的神經迴路，也可以不跟著音檔或文字練習。就像我們剛開始學游泳，手畫圈為一，腳後踢為二，一二一二的數著才不會亂掉。但是久而久之，慢慢被內化成肌肉的記憶，就不需要特別去數數了。

每天要練習幾次音檔呢？其實只要想練習就可以練習，例如禪修營通常會花三到七天的時間，每天除了吃飯和睡覺，其他時間就是做正念的靜坐或行走練習。如果你有時間，其實可以多加練習；如果時間沒有那麼充裕，請至少每天做一次正念的音檔練習。我即使在忙碌的時候，例如開車要去開會，到了開會地點停好車，會先在車上做十分鐘正念練習，然後再去開會，這能幫助我開會時更平靜專注，所以練習是多多益善的！

大家可以嘗試在一天中，找一段最不會被打擾、能充分利用的時間做每日正念練習。像是早上起床、中午午休或晚上睡前的空檔，花十五到三十分鐘，時間雖然不多，收穫卻遠遠超過你的想像。推特（Twitter）和Square兩家公司的CEO傑克．多西（Jack Dorsey），會在每天早上五點起床後冥想半小時，高盛集團董事威廉．喬治（William George）練習冥想近四十年，由於經常出差，他都是利用搭飛機的時間練習。

正念可以改變快樂的水平

當我們持續練習正念，就可以改變自己的快樂水平。

一般來說，大腦右前額葉掌管一個人的反感機制，碰到不喜歡的事，體會到一些負面情緒如憂鬱、焦慮、沮喪、害怕，右前額葉皮質就會變得比較活躍，因為這些情緒是我們不喜歡的，會習慣性的壓抑、逃避或推開它。

反之，左前額葉掌管一個人的趨向機制，遇到我們想親近、探索的事情，通常人處在開心、興奮的狀態，左前額葉皮質就會開始活躍，因為我們喜歡這個情緒，會想要親近、探索、接觸它。

人在練習正念八週後，左前額葉皮質活動會高於右前額葉皮質，因此長期練習正念的人腦中，更常出現的是趨向機制，因此大腦經驗的正面情緒比負面情緒多。一般來說，當我們遭遇悲傷、不喜歡的情境，一定是反感的，不想去親近它。但在正念練習中，我們會試著跟煩惱和平共處，去接納和探索負面感受，所以對這些人來說，即便是負面的感覺或情緒也願意去探索、親近和處理。而當你願意探索、親近和處理時，左前額葉皮質活動就會高於右前額葉皮質，就更容易解除負面情緒，並體驗到正面情緒的出現。

接納你的害怕和恐懼

「活在當下」是願意接受現在所處的狀況，這能幫助我們擁有從容和勇氣。有句話說：「泰山崩於前而色不沮，黃河決於側而神不驚。」這樣的從容和勇氣來自於活在當下的狀態。當你願意接受自己會沮喪和害怕，才能夠不害怕跟不沮喪。逃避與抗拒通常來自我們的恐懼，其實這些恐懼很多時候都是想像出來的。

在原始時代，人類必須懂得害怕，因為在野外有猛獸會吃人，擁有恐懼的本能才能反擊或逃跑，然後生存下去。但在現代社會，很多攸關生存的威脅已經不存在，大部分讓我們害怕的都是自以為是的恐懼。

事實上，當你願意跟你的害怕待在一起，先別抗拒逃避它，接受你會害怕的狀態，在那個接受狀態中去觀察恐懼，你會發現恐懼好像沒有原本想得那麼可怕，這個刺激帶給你的感覺是會變化的。所以，接納不喜歡的東西其實沒有太多祕訣，就是願意真實的去觀察它帶給你的感覺，觀察憤怒，觀察恐懼，如實觀照自己，這是接納的第一步。當你發現很多情緒都是想像時，生氣和害怕就會慢慢消失。活在當下，就是願意接受自己現在的狀態，而不是逃避和抗拒。

研究發現，在臨床上經過八週的正念練習後，練習者的大腦發生了一些變化，他們的杏仁核（pre-frontal cortex）變小了，前額葉（amygdala）皮質卻變厚。杏仁核是大腦中促發恐懼和情緒的原始區域，面對壓力而產生的攻擊、逃跑等反應就由它啟動；前額葉則與高級腦功能相關，例如意識、專注力、決策、社交能力、同理心等。因此，正念練習後，杏仁核縮小，前額葉皮質增厚，代表原始的壓力反應被高階的理性回應所取代。也由於降低了大腦的低級反應，因而改善在慢性壓力下所引發的生理疾病，如高血壓、心臟病、癌症、腸胃問題、氣喘、慢性疼痛、自律神經失調等。同時也能改善長期負面情緒引發的心理疾病，如睡眠障礙、焦慮症、恐慌症、憂鬱症等。對於非臨床人群，正念練習也能增加積極的心理素質和幸福感。

要特別說明的是，並不是練習八週正念後，身上所有的身心疾病就會完全康復，而是經由正念練習改善這些疾病的一些反應指標，如壓力賀爾蒙反應、身體發炎反應等。目前在蘋果手機ｉｏｓ10以上作業系統中，「正念」已成為應用ＡＰＰ之一，與

「健身」、「營養」和「睡眠」並列為使用者記錄健康資訊的健康四大領域。建議大家每日練習，讓自己運用正念，提高身心健康。

1-3 增加慈悲心與同理心，人際關係更圓滿

在練習正念的過程中，我們願意去探索和親近所發生的一切，腦中就會產生趨向機制，促使我們敞開心胸，提升快樂水平，化解負面情緒。在練習正念八週後，練習者的腦波改變了，而如果持續練習幾年就會產生更大的改變，甚至改變腦部結構。

研究發現，練習正念多年的人之於一般沒有練習經驗的人，腦前額葉皮質比較厚，大腦島葉也比較大。前額葉與專注力、執行力、抽象思考、自我抑制、情緒控管、同理心、解讀社交行為、了解他人心智的人際應對及社交能力密切相關，因此被稱為「社交腦」（social brain）。島葉則和「自我知覺」有關，就是一個人知道自己的身體和心理的感覺是什麼，也能夠對他人的身體和心理感覺「感同身受」，讓自己可以跟他人產生情感連接。有一個詞叫「相由心生」，持續練習正念，不只性格心態改

變，連腦部結構都會改變。你更能同理共感，知道如何與他人情感連結、社交應對，並慈悲的待人愛己。

世界上最快樂的人

正念是以不評判的態度，學習觀察自我內在與外在世界的練習，所以正念可以增加人們對別人的同理心。許多研究證實，人們在經過正念訓練後，明顯較訓練前產生更高的同理心。

練習正念愈多的人，與伴侶相處得愈快樂。在人際關係中不加評判的覺察自身與他人的情緒和想法，而不是一碰到人際衝突就不自覺產生攻擊或逃避的反應，所以正念可以增強人際關係的品質。除了改善夫妻關係，證據也顯示在一般場域中的人際相處，正念也能增強對關係的覺察，降低應對關係衝突時的情緒壓力，幫助我們較少出現憤怒和焦慮，有效處理自己與他人的情緒，增加人際幸福感。愈來愈多研究發現，透過正念練習，在人際交往過程中，更能關懷別人的需求，增強自己社交表達的能力。

慈悲心包含「慈心」與「悲心」。「悲心」是指「同體大悲」，意思就是看到對方難過，我也可以同理共感對方。「悲」會生出「慈」，「慈心」是一種祝福，是一種關懷、支持，我希望我祝福的事物可以過得很好，這事物不僅是他人，也包含自己。

世上最快樂的人是誰？他叫馬修．李卡德（Matthieu Ricard）。原來腦中的快樂是有辦法測量的，馬修經由腦部掃描發現，他的左前額皮層較右前額皮層活躍，這使他獲得高度的快樂感受。他的快樂指數完全超出一般人，是目前為止經由科學鑑定認證最快樂的人。這不禁讓我們好奇，他在受測時究竟在想什麼呢？會不會是一些很搞笑的東西？事實上，當時他在禪修，冥想著慈悲。根據馬修個人的經驗，慈悲就是他最快樂的狀態。

1-4 提高工作效率，降低工作壓力

一個由奧勒岡大學與德州理工大學共同進行的研究發現，參加正念訓練十一小時後，對比參加正念課程前，大腦白質的完整性和工作效率都提高。白質是連接和保護大腦前扣帶皮層的神經元，可讓人進行決策時更理性，有效解決棘手問題。

或許這可以解釋為什麼正念練習對學生有很大的幫助，證據顯示，大學生每天花十分鐘進行正念練習，持續兩週後，在GRE（美國研究生入學資格考試）詞彙部分的成績獲得較高的分數，而且提升了他們的記憶力和注意力；邁阿密大學研究發現，讓海軍每天進行十二分鐘正念冥想練習，可以讓他們保持高度注意力，維持工作記憶，增加集中精力。如果練習時間不足十二分鐘或完全沒有練習，在執行任務時的表現就會有所退步。由此可見，持續的正念練習可以幫助我們獲得更好的工作績效與學業成就。

Google就是將正念運用在管理中非常出色的企業，亦是目前全世界推廣正念不遺餘力的公司。Google每年定期開設「尋找自己內在」的正念培訓，每次開課都非常受員工歡迎。值得一提的是，Google為了讓員工可以進行正念行走的冥想，特地在公司內建造了一座迷宮。

受過正念減壓療程訓練的員工，明顯感受到工作壓力降低、睡眠品質提升，以及自律神經功能改善等好處。因此，我建議大家在工作繁忙之際，抽空十分鐘練習正念，工作效率和抗壓能力都會大大提高喔。

1-5 促進創造力

正念是否可以促進創造力?答案是肯定的。在正念課程裡，我們會練習「觀聲音」與「觀念頭」，它是一個廣泛、開放式的覺察。這種開放式覺察對形成創造力的兩項重要因素很有幫助。

不設限的魔力

第一項是「不設限」：脫下有色眼鏡、不帶成見去覺察，這樣的練習可以幫助我們打破限制，無論看什麼都試著接受它而不是批評它。

有一個有趣的實驗：研究者讓學生玩一個簡單的迷宮遊戲，目標是協助一隻卡通鼠安全走到出口。迷宮有兩種形式：一種在迷宮出口外畫了一塊乳酪，卡通鼠若找到出口就可以獲得乳酪；另一種在迷宮上方畫了一隻貓頭鷹，卡通鼠得找到出口才不會被貓頭鷹吃掉。結果發現，玩乳酪迷宮和玩貓頭鷹迷宮的兩組學生，協助卡通鼠找到出口的時間相差無幾。

研究者在學生完成遊戲後給他們做創造力的測試。然而，玩貓頭鷹迷宮的學生，創意測試的分數比玩乳酪迷宮的學生少了五成，這是為什麼呢？

我們前面講過大腦的反感機制和趨向機制。學生在走貓頭鷹迷宮時產生了恐懼焦慮的感覺，反感機制啟動，學生就關閉了可能性，創造力自然會減低。反之，學生在乳酪迷宮裡啟動的是樂於探索的趨向機制，當你擁有開放不設限的心態，創造力自然顯現。現在許多工作需要高度創新，正念就是很好的鍛鍊方式。

另外還有一個有趣的研究：找一群學生做創造力測驗，讓學生坐在兩個不同的教室裡，一間教室裡的地上畫了白線，學生被框在白線裡做測驗，另外一間教室地上沒有白線。最後的結果是，被白線框住的學生創造力分數較低。由此可以看出要提高創造力，跳脫限制是一個很重要的因素。

從心理學觀點來看，適當的放鬆與放空，從原本的思考框架裡跳脫出來，有助於注意力的恢復及產生新點子。甚至可以每天抽一小段時間，放空頭腦，清除雜念。

如果覺得頭腦的雜念還是很多，那麼就選擇做一件只需動手不需動腦的事，讓我們把注意力從腦袋轉到雙手，例如種花、煮飯、打掃，把專注力放在簡單的事上，讓你的頭腦可以沉澱、休息，把自己放空，放下執著和預期，每個瞬間都順著生命的流，生命自然會帶來驚喜和豐盛。

前行政院長張善政曾是Google亞洲區營運總監，他本來在Google就十分出色，轉任政府官員後，大家對他的表現也讚譽有佳。他說，從他在Google工作開始就有種菜的習慣，因為科技人的生活非常繁忙，節奏非常快，但他的工作需要很強的創造力及抗壓性，所以必須給自己一段時間放慢放空，因此他買了一小塊地，每週都會找一天去種菜。他可能一秒鐘幾十萬上下，可以賺很多錢，做很多事，但他仍願意給自己一段時間與空間，讓自己放慢放空。

除了高科技企業，高等教育與研究單位也非常需要高度創意。臺大心理系就曾邀請環保藝術家，帶領學生以永續生態的理念打造心理系的屋頂蔬果園。

這些成績頂尖的學生從小到大認真讀書，少有幾個人真正用雙手接觸過泥土、體驗過蔬果生長的過程。他們把保麗龍箱等廢棄物當種植箱，讓學生從原本無用的東西中發現用處，並在動手實作的過程中學習解決問題，練習專注、體驗創意與美感，獲得滋養與能量。臺大心理系的屋頂蔬果園正提供了放鬆與放空的空間功能，讓忙碌的心與紛亂的腦重歸沉靜，重新開機。

即使身處節奏再快、強度再高的工作環境，也鼓勵你每天抽一點時間練習正念，那會幫助你恢復精力，真實的感受你與自己的身心合而為一。甚至有時在工作中覺得疲累辛苦時，只要閉上眼睛專注在你的一呼一吸上，就可以回到內在的寧靜之地，可能只花三分鐘，但整個人就從壓力裡解放了。

重新組合的能力

第二項是「重新組合的能力」在這種開放式覺察中，可以發現很多在舊事物裡的新元素，例如「正念進食」：我們從來沒有發現，原來食物吃起來是那樣的味道。當打開新的眼睛去察覺舊習慣裡的新元素，當我們可以把這些新的部分拿來重新組合時，就會增加創造力。

聽過古希臘科學家阿基米德的故事嗎？

兩千兩百多年前，西西里島上有個屬於希臘的敘拉古王國，國王名叫希羅。盛大的祭神節就要到了，國王把黃金拿給工匠，要求他做一個黃金王冠，之後要戴著黃金王冠去參加祭神節。工匠做好王冠交給國王，國王起了疑心，他把阿基米德找來說：「我不知道工匠在製作過程中，有沒有把我給他的所有黃金都拿去做王冠，還是參了其他東西在裡面，你有沒有方法可以測出這頂王冠是不是真的用了我給他的全部黃金？」阿基米德前思後想，吃飯時也想，睡覺時也想，走路時也想，都想不出來該怎麼做。

在僕人的勸告下，阿基米德暫時把這個問題拋到九霄雲外，去澡堂放鬆一下。阿基米德將身體泡進浴池時，浴池的水嘩啦啦從周圍流出來。突然間，他狂喜不已，光著身子衝到街上，大聲呼喊：「我找到了！我找到了！我可以用水來測量物體的體積，如果我把等重的金子放在水裡，溢出來的水跟王冠放進去水裡溢出來的水一樣多，那就代表王冠是用等重的純金做的。如果不是，就代表有參了別的東西。」國王就用這個方法發現了黃金王冠有參假。國王問他怎麼找到解決方法的？他說，我暫時停止思考怎麼解決這個問題，什麼事都不做，只是放鬆泡澡。

研究創造力的心理學家約翰・庫尼歐斯（John Kounios）曾舉過一個例子，如果你家後院有一些磚頭，除了當成建材在後院蓋個烤窯，還有什麼其他功用？某天，當你突然看見鄰居的胡桃樹長出胡桃了，再看到磚頭時，可能就會想到，這些磚頭除了蓋窯，還可以拿來敲開鄰居的胡桃。人要迸發新想法時，有時候必須經過一個歷程，**所謂創造力的形成，就是在本來習慣的思考模式上、在熟悉的事物中發現新元素，這些新元素可以跟我們舊有的想法結合，形成新概念。舊事物裡發現新元素，這就是創造力的產生。**

平常大家很熟悉的事，如果用正念的方法做，可以從熟悉的事物中覺察一些新元素，可能以前從來沒有想過，但是它們一直在那裡等待你去發現。日常例行的行住坐臥，看似簡單無需用心，但當你專注的把手上的一件小事做好，在做的時候打開自己的感官覺知，細細去體會箇中奧妙，也許會發現一些從未發現的東西，恰好對應到你一直在思考的問題，產生新靈感，創造新方法去解決原本的問題。

我們也許可以試試看，就像手機待機有不同模式，我也要邀請你給自己一段時間切換模式，抽十分鐘好好的正念做一件事，例如喝一杯牛奶，吃一顆蘋果，打開感官認真感受當下，你會發現一花一世界，一沙一天堂。

第二章

正念練習的態度

2-1 初心——讓每一次都像第一次

發自內心欣賞一切的美好就能找到幸福，練習正念就是提高覺察的能力，這是一種不帶批判、隨時隨地的覺察，不只覺察身旁的人事物，更要覺察自己。卡巴金博士提到，我們在練習正念時要保持九種態度，除了用在正念練習，更可以運用在日常生活，你會感到越來越健康快樂。

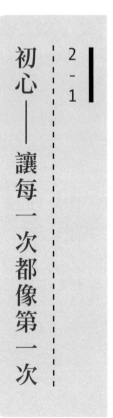

第一個正念的態度是「初心（beginner's mind）」。做每一件事情都像第一次做一樣，保持一顆好奇探索的心去觀照事情的不同面向，就像下一章會練習的「正念進食」，雖然吃的是熟悉的食物，但把它當成第一次吃一樣去探索。

當我們在咀嚼這個食物時，去品嘗它內部各式各樣的味道，或者唾液中產生的化學變化，還有食物的質地，纖維的感覺等，當你開始學習用所有感官去品嘗，就會發現原本熟悉的食物變得不一樣，讓你的每一次都像第一次。**開放你的感官，像孩子一樣好奇的去覺察這個世界。**

像孩子一樣好奇的觀察世界

初心，也就是一種「赤子之心」，就像孩子看到什麼都覺得「哇！好好玩哦」，因為對孩子而言，世界很大很新奇。當我們長大成人，對很多事物都習以為常，不覺得興奮、好奇，除非這個東西刺激度越來越大。可以看到現在整個社會追求刺激度越來越高的東西，刺激度低的事物對我們來講已經沒有吸引力了，我們也失去了探知「一沙一世界，一花一天堂」的樂趣。

現在，我們要練習保持一顆赤子之心，做什麼都像第一次做。如果你可以試著這麼做，會看到生命中很多不一樣的事。舉例來說，以前你吃東西時，不覺得裡面有什麼特別的，但在「正念進食」裡會學習慢慢用所有感官去覺察品嘗，就能發現不同之處，這就是初心。初心不只放在正念練習，也可以放在生活裡，運用在工作或與朋友、家人的相處之中。

不要陷入一直以為的習慣當中

當我們對很多事情都習以為常時，就形成了刻板印象，例如你可能覺得孩子就是這麼不聽話，老婆就是這麼囉嗦，老公就是這麼懶惰！**請你試著重新觀察對方，看看對方多元的面向，不要掉入我們一直以為的習慣中。**你也許會發現，原來我的孩子雖然功課不好，但他的創意十足，藝術天分也挺不錯的，我可以幫助他往其他方向發展；我們也可以嘗試用全新的眼光去看待另一半，在恩愛夫妻的典範中，即便他們都已經從少年到白頭，但看待彼此的眼神還是充滿愛。

我曾經看過一個訪問，夫妻倆已經七十幾歲了，但先生對他的太太說：他看她的眼神還是跟他們二十歲時一樣，依然帶著好奇去欣賞。所以保持初心，可以讓愛情常保新鮮。

重新看待工作

正念初心的概念不只用在家庭中，也可以用在工作上。

管理心理學的研究發現，如果一個業務團隊加入新人後，他們的客戶服務滿意度會提高，其原因就在於新人會嘗試用新的眼光看待客戶，發掘客戶不同以往的特點，更能貼近客戶目前的需求，因此大大提高客戶的滿意度。

在工作上，如果想服務好客戶、了解對方，你也要試著用新的眼光，好像第一次見到這個客戶一樣去觀察，挖掘出客戶不同以往的變化。

2-2 接納——讓你不糾結的祕訣

第二個正念的態度是「接納（acceptance）」。**人天生的本性是喜歡逃離或消滅不喜歡的事物。**有些人想要變有錢，覺得自己沒錢很難受，很抗拒現在的狀態。或有些人覺得自己的工作不好，家庭不好，去上班愁眉苦臉，回到家唉聲嘆氣。我們被太多的欲望和恐懼拉扯，看到恐懼就想推開；看到欲望就想追求。

但若將時間拉長來看，**我們想逃避或想消滅的事，通常都會再回來找你**。因此只有轉換心態，用接納的態度與它相處，長久的改變才會發生！就像一個叛逆的孩子，如果你打他罵他，叫他不要做不好的事情，他通常忍耐一陣子後又明知故犯。

但是，一位真正懂得春風化雨的老師，不會用打罵來懲罰這個孩子，反而會用愛與接納的態度去對待這個孩子，慢慢教化、改變他。這個小孩得到了愛和接納，就不會再那麼叛逆了。

在不接納的狀態下無法改變

在不接納的狀態下要改變事情，效果不會太久，只有在接納的基礎上去改變，才會是互利而長久的。因此，我們要先接納自己現在的狀態。

在正念練習中，當學員在身體、心理上出現不太舒服的感覺，或沒什麼感覺時，好像就沒有信心繼續下去，開始對正念練習產生懷疑，最後中途放棄！這是非常可惜的，因為甜美的果實就暗藏在這些看似不舒服的感覺中，只要懂得解讀、轉化它，這些感覺就可以為你帶來滿滿的幫助和祝福，而這個祕訣就在於「接納」。

你也會發現在拉扯之中，我們都沒有「活在當下」。當我們願意接納自己當下的狀態，才能夠得到支點，穩穩的行動去改善。正念是接納當下所有的狀態。當你願意真正接納自己，也會有些奇妙的事情發生。

這聽起來好像有點弔詭，接納現狀是否就表示我不用再努力？其實不然。「接納現在」讓你有了一個立足點，才能在立足點上使力。如果不接納現在，就想推開害怕的事，或去追求想要的事，卻飄浮在空中踩不到地，力量是不夠的，所以你會發現東西推開又回來，或者是追到了又跑掉。當你接納現在時，就穩穩踩在地上，做什麼都會變得更加容易。

給自己多一些耐心

在正念練習時，可能會遇到種種不想要的狀態，像是身體疼、坐不住……試著接受它，用好奇的心探索它，告訴自己沒關係，我願意試試看跟它一起，看看接下來會怎麼樣。在接納的過程中需要一點努力，請給自己多一些耐心，嘗試敞開自己擁抱它。

在心理諮詢室裡有許多例子，很多來訪者其實是不接納自己的，他可能很討厭自己有這種負面情緒，所以不想接納，但其實只有先接納自己，才能夠慢慢從這個基礎上往內挖掘，發現原來每一個負面情緒背後都有正面的意圖，每個不舒服的感覺背後都隱藏甜美的果實，端看我們怎麼去解讀和轉化。

我曾遇過一個來訪者想戒菸，他嘗試過很多方法，但總是沒什麼效果，菸癮一犯再犯，讓他覺得很困擾，也很討厭自己這麼沒有意志力。但是當引導他去想一想這個菸癮為他帶來什麼好處，這個陰影背後有沒有它存在的意義和正面意圖，他才猛然驚覺，原來菸癮並不如他所想的十惡不赦，而是因為他辦公室的氣氛非常壓抑，需要一段時間獨處，就以抽菸為由跑到外面透透氣，這個菸癮其實帶給他的是一段精神上的放鬆時光。

當這個來訪者看見自己真正的需要，就明白原來可以用其他方式來滿足自己。例如可以去茶水間泡杯好茶或咖啡放鬆一下，或是到無人的樓梯間做三到五分鐘的正念呼吸練習。又或是他發現自己的個性跟這家公司非常不適合，開始考慮換工作……他發現生命中有很多可能，不見得要用菸癮滿足，接納身體有這個需求，而我可以用其他更健康的方式來滿足。

所以我也要提醒大家，無論是自己或身旁的人對某些事上癮，例如抽菸、喝酒、打電動，不要急著指責或負向看待，嘗試找出背後的正面意圖，然後幫助自己和他人看見其他可能性，去滿足這個正面意圖。

2-3 信任——自我實現的預言

正念的第三種態度是「信任（trust）」。現代管理學之父彼得・杜拉克曾說，**成功的領導者只有兩個共同特質：第一是都擁有眾多追隨者，第二是都得到追隨者極大的信任。**信任是人際關係重要的基礎，無論是兩性感情或朋友交往，有一句話說「人無信不立」，我們都期待可以得到他人的信任，但請先問問，你信任自己嗎？

你信任自己嗎？

信任自己，就是安穩在當下的狀態中，信任生命會帶你去該去的地方，信任生命

會為你做最好的安排。很多心理問題出於自我懷疑，例如在人際關係中受到傷害時，會開始懷疑自己：「我是不是不夠好，所以被別人這樣對待，我不能信任別人，也對自己沒有自信！」

當我們開始對自己產生懷疑，就會變得越來越無力、退縮，這樣的自我懷疑不只發生在工作場合或人際交往中，甚至在練習正念時都會出現。有些人在練習時會覺得：「怎麼別人都有放鬆或專注的感覺，我都沒有！」「怎麼別人都可以感受到身體細微的感覺，我都沒有！」所以懷疑自己是否能做到，正念是否有功效，自我懷疑阻礙了我們在人生的道路上繼續前進。

我們要學習信任生命，信任自己。我們在睡覺時，身體還是在一呼一吸，很認真盡它的責任，我們可以全然信任我們的肺、氣管、鼻子會自動運作，維持我們的生命。我們吃東西進去腸胃會消化，血液會輸送營養，這些都不需要一一交代，它也沒有一天是不工作的，我們的身體多麼值得信任啊！

信任，從最簡單的事開始培養

信任可以從最簡單的事開始培養，相信我們的身體、感謝我們的身體、看見我們的身體原來是那麼努力在為我們服務。我們要做的就是好好吃東西、好好睡覺、鍛鍊身體，提供身體好的環境。

信任自己為什麼這麼重要呢？那是因為我們會被自我實現的預言帶領。自我實現的預言（self-fulfilling prophecy）又稱為自證預言，或自我應驗的預言。這是社會心理學的專有名詞，是指無論正確與否，人們先入為主的判斷會影響自己的行為，以至於這個判斷最後真的實現。

也就是說，人們總在不經意間使自己的預言成為現實。舉例來說，一個人覺得自己不會擁有財富時，他在現實生活裡就會讓這個預言成真，讓自己繼續活在匱乏之裡，這就是我們所說自我實現的預言。**你的生命會往你所相信的方向奔去，這也就是為什麼信任自己如此重要。如果想要改變自己的命運，就要信任自己值得擁有。**

損失厭惡，人類情緒的本能反應

很多人會說，我也知道要往好的方向去相信，但總是忍不住把事情往最壞的方面想，常常出現消極負面的自我實現預言。這是因為在面對未來的不確定性時，人會產生焦慮不安，而內在的平衡機制會努力去消除這種焦慮，想盡快給自己一個答案，而這種答案往往都是消極的，因為只有消極的答案才最能夠消除這種焦慮。

損失厭惡（loss aversion）是人類情緒的一種本能反應，也就是人對於痛苦的感

受，通常比對快樂的感受大很多，所以會盡量去避免損失。例如在投資時，人對於避免損失的欲望會比賺錢更強烈，因為賠錢帶來的痛苦遠大於相同金額獲利帶來的快樂，因此會不計代價的避免損失，導致做出不理性的選擇。

提出這個理論的是心理學家丹尼爾・康納曼（Daniel Kahneman），他在二〇〇二年以這個理論獲得諾貝爾經濟學獎，其實大多數人都因為陷入這種損失趨避的認知偏差，所以在股市都賺不到錢，但就有人能反其道而行，如股神巴菲特就能控制自己的情緒，讓自己不因情緒化做出非理性的決定。

大多數人如果預先給自己一個正面的答案，當結果不好時，需要處理的是「失去」，這會有很大的心理落差，但如果人們預先給自己的答案就是消極的，當結果不好時，也會用：「我早就料到會這樣！」來安慰自己，感受的損失感會變小。所以在面對沒有把握的事，仍傾向於悲觀的預測，而自我實現的預言又讓這種悲觀的預測成真。

用自我實現預言讓夢想成真

該如何打破負面循環，靠近巴菲特的理性思維，用自我實現預言讓夢想成真呢？我列出三個步驟：首先是改變說話用詞，把負面消極的詞彙從字典裡刪掉，例如

「永遠」、「總是」、「絕對不可能」。多用積極的語言，潛移默化影響思維模式，例如可以這樣對自己說：「我知道這個目標很困難，但是不嘗試怎麼知道我有沒有可能做到呢？我願意用開放的心全力以赴！」

第二，是讓自己的自我價值感提高，如做自己擅長的事情，學會讚美自己的優點，學會接受別人的讚美。**信任自己，懂得對三件事說不：不自傷、不自憐、不自我批評。**自我實現的預言不是幻想天上掉餡餅，從此一帆風順，而是要把焦點放在改善自己。

有一首詩是這麼寫的：

神未曾應許，
天色常藍，
花香常開，
但應許行事有力，
不變的愛。

我們的環境本來就會產生很多突發狀況，要相信自己有能力面對、接納它，也有能力改變、放下它。我們設定的目標是自己，而不是環境會怎麼樣，然而境隨心轉，當我們和以前不一樣，你可能會發現環境也有所不同，契機就在於內在改變，外在也就跟著改變。

第三，讓自己處在「我能我行」的狀態中。當你處在成功者的狀態裡，你的內在會很自然的產生正面積極的自我實現預言。有一句古老的英文諺語為：「假裝你可以，直到完成那件事為止。（Fake it till you make it.）」

社會心理學家艾美・柯蒂（Amy Cuddy）將這句話改編為：「假裝你行，直到你真正成為那個人。（Fake it till you become it.）」我覺得更能貼近正念的態度，如果你將自己設定為成功者，自然而然就會踏上通往成功的道路。

成功必然要經歷磨練與考驗，有句話說「塞翁失馬，焉知非福」，有時在生命中遇到一些挫折，你會覺得怎麼那麼倒霉，但是當你抱持信任的態度，相信自己在這個困難中必有收穫，相信老天給你這個挫折一定是有祂要你學習的功課，為了讓你變得更好。

因為信任，你生出寬廣接納的心，安住在你所處的狀態中去學習，這會讓你的智慧增長。

2-4 耐心──快與慢不是絕對

正念的第四個態度是「耐心（patience）」。我們常常沒有耐心，看著目標一面跑、一面想怎麼還沒到，要不要乾脆放棄？人的本能不喜歡不確定感，害怕在懸而未決中等待，但這種對不確定感的耐受力，其實是判別一個人能否邁向成熟的標準，也是一個人成功必備的要素。人生很多時候要懂得「靜待花開」，還記得小時候自然課要養蠶，等到它長大後吐絲結繭，羽化成蛾。但班上有些同學會等不及，想知道什麼時候蛾才會破繭而出，他們很快就把繭打開，蠶蛹就死掉了。

生命是需要時間醞釀的。

我家門口有一棵樹，長得非常高大，鄰居都很喜歡這棵樹。它剛來我們家的前三年還小小的，好像一直不會長大，雖然用心幫它施肥澆水，但仍長不大。

我跟爸爸說：「好奇怪喲，樹都不長！」

爸爸說：「因為妳對園藝不了解，妳是看到這棵樹表面上的樣子，如果仔細去看樹下面的根，就會發現院子裡的地有很多凸起來了，這就代表樹根不停在增長。現在只是醞釀期，它要長高長大，必須先把根長好，當根長好了才能吸收足夠的養分、水分，等根的抓地力夠廣，讓它能抵禦強風不倒時，就會突然抽高長大了。」

果然沒錯，這棵樹長根長了三年後，突然就長得非常大，足有三層樓高。以前就我們這些外行人來看，它就是一棵長不大的樹，但其實不然，它是在醞釀生命的能量。

人也是如此。我們想趕快把不舒服的事情解決，或想趕快達成希望的目標。在遇到一些事時不耐煩，那是因為我們偏離了當下。當我們可以把心思意念再度拉回當下，接納當下的狀態，就有了等待的力量和勇氣，這也是一種智慧，一種成熟。

2-5 放下——放不下，就先放著吧

正念的第五個態度是「放下（letting go）」。

卡巴金博士說過一個真實的故事：印度人抓猴子是把椰子挖一個洞，把香蕉塞在椰子裡，然後把椰子綁在樹下。猴子想要吃香蕉，手會伸到椰子裡握住香蕉。牠的手沒有握住香蕉時能伸進去，但握住香蕉後就拔不出來、被卡住。這時唯有把香蕉放掉，才能脫離這個椰子陷阱。但猴子不這麼做，牠想要那個香蕉，所以無法放手，只好一直卡在裡面，被香蕉綁在樹下。其實只要放手猴子就能逃走，但沒有，最後被獵人抓住。

我們就像這隻猴子一樣，看似抓住了想要的事物，但很多時候是變成欲望的奴隸，當我們執著於事情一定要這樣發展時，便掉入作繭自縛的痛苦。只有當願意放下，允許生命自然流動，才有空間，就像猴子得放手才有空間脫離陷阱。

一直緊抓住某個東西，可能會成為痛苦的根源。如果我們允許它可以來，也可以走，放下心更寬。當心更寬時，才有空間去創造新的東西，就像呼吸一樣，你看我們吸一口氣，不管能憋多久，終究要把它呼出來，但當我們呼出來，新的循環又來了，我們又可以再吸氣。

放手是為了享受更棒的禮物

我看過許多案例，在一段關係中苦苦執著、不肯放手，後來現實逼當事人放掉後，他們在傷痛裡成長學習，然後遇到下一個更適合自己的人。所以，放手是為了創造更好的自己，放手是為了享受更棒的禮物。

在正念練習中也會出現這樣的狀況。例如跟人吵架了，覺得對方好差勁啊！在你進入正念練習時，還是不停在想、執著於這個念頭。你可能會覺得放下好難。當你覺得放不下時，請將你的意念回到自己的呼吸，在呼吸中放鬆自己，平靜的觀察念頭的變化。

我要教大家一句口訣：**「能放下就放下，放不下就先放著。」**「放著」的意思就是給它留一個空間，也給自己留一個空間。我們可以跟它待在一起，但仍保有自主空間。

正念並不是不允許出現自己的觀點，而是教導我們更有彈性。你可以看到自己有積極的一面、有消極的一面，可以看到自己有正面的想法、也有負面的想法，這個狀態是變化、來來去去的。要學習不執著、不緊抓在某一種狀態中，所以你是自由的，而自由讓你創造了更多選擇空間。

從原本禁止和避開負面想法，轉變為接受和允許，放鬆的跟它和平共處：我可以接受我有負面的想法，但也會有正面的想法，就像天空裡有白雲、有烏雲，天空都是允許的。當你不斷培養當下的覺察，就能一點一滴拿回自主權，因為察覺的過程會幫助我們與這些想法之間隔開一個空間，當你認知到你是你，想法是想法，就更容易放下它。

在這個空間裡，你就有了重新選擇的自由。

2-6 感謝──回饋生命中的美好

正念態度的第六項是「感謝（gratitude）」。如果每天可以感謝三件事，我相信你每天一定過得很開心，你會看到原來自己是活在恩典當中。

臺灣第一大廣告代理商李奧貝納集團執行長黃麗燕某次到芝加哥出差，跟同事去吃飯，因為覺得餐廳服務很好，就大方給了服務生五十美元小費。離開時，服務生也開心的列隊歡送。雖然是小事，但心中的愉悅感讓她忍不住一回旅館就立刻寫下來。

接下來第二天、第三天，都不約而同發生令她覺得感謝的事情，於是，寫「感恩日記」慢慢成為她每天必做的事。寫完後常常會帶著笑容睡著，這個習慣也幫助她開始不把每件事視為理所當然，對身邊的人事物抱持感激的心。

她甚至要求員工一起寫「感恩日記」，每天花點時間寫下讓自己感恩的人事物，每天把今天碰到的好事寫下來，不斷幫自己打氣，讓自己知道自己多麼富有。

其實這麼做是有研究根據的。加州大學心理學教授埃蒙斯（Robert Emmons）的研究發現，感恩是提高個人幸福感、生活滿意度與工作績效的關鍵因素。感恩的人擁有較高的生活滿意度、較樂觀，也擁有更多活力，並保持較好的人際關係，因此他們在組織或公司中是更有生產力也更快樂的員工。

當一個人擁有感恩的心，自然而然會看到別人為他做的，那麼也會予以回報。這一來一往當中，彼此之間的交流就更加密切，雙方都會受惠，組織運作也因此更順暢。因此，組織中的員工有感恩的想法與行為時，會對自己的工作非常有幫助。

特別是在正念課程裡，我們要學習感謝我們的身體為我們做了那麼多事，卻沒有跟我們要什麼酬勞，真的要深深感謝它。除了感謝自己，將這份感恩擴展到身邊的人事物，甚至天地宇宙，緣分命運。

當你真的能全心全意活在感恩的心態裡時，感恩別人給你的、感恩生命給你的、感恩老天給你的，你會發現內心不僅感到喜悅，而且會產生很多正面積極的力量，讓你有勇氣度過困難與阻礙。

研究也發現，感恩的人負面情緒減少，抑鬱、焦慮、嫉妒都下降了，並擁有更多同理心，更願意寬恕別人、幫助別人、支持別人，正面的情緒增加，感到更快樂。**常懷感激之心，對身體健康也有好處，包括使副交感神經系統功能增強，讓我們平靜安詳，從而增強免疫系統。**

2-7 施予——與世界積極聯結

正念態度的第七項是「施予（generosity）」。有句話說施比受更有福，在媒體上常常看到名人做慈善的報導，不是只有有錢人才能給予幫助，我們一樣能將慈悲心化為行動。

陳樹菊是一位市場裡的菜販，但同時也是一位慈善家。她從小在貧苦的家庭裡長大，小學畢業後，才十三歲的她就因母親難產死亡，必須扛起一家生計，在市場賣菜，養活弟妹、供兄長上學。即使賣菜收入微薄，她卻捐款百萬，在自己讀過的小學蓋圖書館、認養孤兒，最新目標是捐一千萬元成立基金會，讓沒錢的小孩有醫生可看。二〇〇二年，《富比士》雜誌將她選入亞洲慈善英雄人物榜；同年，《時代》雜誌將她選為年度最具影響力、時代百大人物之「英雄」項目第八位；《讀者文摘》也頒發第四屆年度亞洲英雄獎給她。二〇一二年，她因長年行善，展現「純粹利他主義」，榮獲被喻為「亞洲諾貝爾獎」的麥格塞塞獎，並在頒獎典禮後再度宣布捐出獎金。

這裡講的施予並不單指經濟物質上，還包含很多其他面向，例如在心理精神上，給別人一個微笑、一句鼓勵，甚至願意認真傾聽別人說話，也是一種施予。愛是注意力，當你願意把注意力聚焦在別人的需要上，你的心願意和對方在一起。**當你付出愛時，你內在的慈悲亦隨之更加豐滿厚實。**

慈悲可以創造快樂

知名影星奧黛麗赫本童年歷經父母離異、戰亂、種族屠殺，成年後雖然進入影壇、成為知名影后，但仍歷經兩次失敗的婚姻。即使如此，她心中仍充滿慈悲，息影後懷著巨大熱忱投身公益，出任聯合國兒童基金會愛心大使，舉辦慈善募款，不顧戰亂和傳染病危險，去許多非洲國家探望貧窮兒童。

她曾在演講中回憶，二戰結束之初，自己如何從聯合國兒童基金會手中獲得寶貴的食品與衣服，掙脫潦倒街頭的童年夢魘。她挺身為全世界弱小無助的兒童說話，這正是成年的她為幼時無助的自己說話。她在付出愛心的同時，也治癒了童年受創的自己。

其實，「感謝」與「施予」是一體兩面的，當你懷抱感恩的心，珍惜別人對你的付出，自然也會願意施予別人，而別人的回報會讓你更加喜悅感恩，這就形成一個愛的循環：贈人玫瑰，手有餘香。

2-8 不評斷——看見更多可能的智慧

第八種正念態度是「不評斷（non-judging）」。「這個好，那個壞！」、「我喜歡這個，不喜歡那個！」我們的頭腦似乎無時無刻都在評斷。

在練習正念時，常常會發現頭腦好吵，裡面喋喋不休，許多想法意見不斷出現。我們的頭腦最常講的話就是評斷：「這個不錯！」、「那個情況真糟糕」、「這個不好吃」、「那個人看起來有點討厭」……有很多評斷住在頭腦裡，像爆米花一樣在腦中不停蹦出來，只要外界一有刺激，就馬上分析判斷。**常常還沒看到事情的全貌就馬上反應了，其實我們可以等一等，不要急著下判斷。**先給大家一個小挑戰，試著用不評斷的心做正念練習。

大家都聽過瞎子摸象的故事：有瞎子摸到大象的腿，就說原來大象長得像一棵樹；有瞎子摸到大象的耳朵，就說大象長得像扇子；有瞎子摸到大象的鼻子，就說大象長得像水管，但是他們都只知道事情的一部分而已。

評斷讓我們縮窄了視角，看不清楚事情到底是什麼樣子。例如有人得罪你，你從此不喜歡他，只要看到有關他的事情都覺得很差勁，覺得這個不好的人做出來的事就是不好的。我們已經戴了有色眼鏡在看他，根本沒有好好研究他做的事，雖然他得罪你，但可能事情還是做得不錯。

當我們在評斷黑與白、喜歡與不喜歡時，就像戴上有色眼鏡在看世界，這個世界變成我們所戴眼鏡的顏色。如果可以把有色眼鏡拿下來，才能夠看到真實。很多人會因為自己的評斷，失去了解這個世界更多的機會。

體驗一切的發生，而不是評論

正念邀請你直接體驗生命一切的發生，毋需永不停歇的想法來評論。想法只是來來去去的內心事件，不需照單全收，而是活在每個當下。隨著覺察一天天提高，當感知到腦中的評判即將出現時，就可以讓自己的判斷暫停，放鬆頭腦。慢慢的，你會發現頭腦裡的聲音逐漸減少，心胸越來越開闊和平。

許多人在一開始練習時，發現自己的頭腦無法停下判斷，沒有關係。練習不評斷的第一步就是接納自己的評斷。先嘗試看看「不評斷自己的評斷」。例如有些人會告訴自己：「哎呀，我剛剛又說了我不喜歡」、「慘了，我剛剛又說了很糟糕」然後又再一次的批判：「我真是不好」、「我覺得自己不對」、「我不能再這樣」。但是我們現在要學習，至少當我們不小心評斷的時候，先放下對自己的批判，跟自己說沒關係，我接納自己剛剛評斷了。然後，我現在願意試試看，放下剛剛對那件事情的評斷，用接納的態度去看待那件事。

我們可以不帶著評斷的眼光去看事情，不代表我們沒有判斷力。

評斷讓心生出偏見，討厭這個或喜歡那個。當我們帶著偏見去看事情，沒有辦法看見事情的全貌，評斷反而削弱了判斷力。當我們把有色眼鏡拿掉，不再去判斷好惡，用中立的心去看，也許會發現這個世界有些不同。

不評斷即是擴展你的心，你可能會重新發現這個人的好、重新跟他做朋友、重新從他身上學習、重新開拓你人生的視野。別讓有色眼鏡把你豐富生命的機會擋住，那太可惜了！

2-9 不強求——不費力就達成目標

第九種態度就是「不強求（non-striving）」，我不要那麼用力去追，是一種從「我做（doing）」到「我在（being）」的模式轉變。

設定目標，達成目標！似乎定義了人活在世界上的唯一價值。在工作上，公司追趕著我們完成月度目標、季度目標與年度目標；而在生活中我們也常為自己設定一個要達成的目標：幾歲要買房買車、幾歲要結婚生子。我們從小就被教導要設定目標、完成目標，但是大家有發現嗎？當我們設定目標後，就拚命告訴自己要掙脫現況，但這些思緒千迴百轉，可能毫無進展且愈陷愈深。

用「我做（doing）」的模式急著解決問題，但也會製造更多焦慮緊張。在這種狀態下反而很難堅持，接著就失去信心，覺得那就像綁在頭上、懸在前方的胡蘿蔔，怎麼追都追不到，所以感到挫敗沮喪，最後反而容易放棄。

一般人通常認為要做些什麼才能夠達到目標，所以目標在前面，人在後面追著，相當辛苦。但當學習正念後，就可以開始轉換成**「我在（being）」的模式，即是跟想成為的目標在一起，我們已經活在那個目標當中了，所以行為能輕鬆不費力的顯現。**

活出夢想的狀態

在心理學史上有一個相當知名的「史丹佛監獄實驗（Stanford prison experiment）」，主持這個實驗的心理學家菲力浦．津巴多（Philip Zimbardo）在史丹福大學心理系大樓地下室設置了一個模擬監獄，他召集學校的大學生當實驗志願者，一部分志願者當獄卒，一部分志願者當囚犯。

津巴多想透過這個研究觀察監管者和被監管者的心理反應。實驗發現，囚犯和獄卒都很快進入自己的角色，甚至一步步超越了原本實驗設定的界限，造成許多危險和心理上的傷害。甚至有三分之一的獄卒出現真正的虐待狂傾向，而許多囚犯在情感上受到創傷，最後津巴多不得不提前終止實驗。

就讀史丹福大學的學生是如此優秀，但當參與實驗的學生扮演的角色是囚犯時，他就表現出囚犯的想法和行為，當他被虐待，他會乖乖就範、沒有反抗。而當斯文有教養的大學生知道自己的角色是一個獄卒時，他就進入了獄卒的狀態，變得冷酷無情，做出虐待囚犯的行為，最後甚至出現虐待狂傾向。

這個實驗告訴我們，當人變成某一個角色後，就會有這個角色所具備的想法，他很自然的做出該角色相應的行為，不需要刻意做這些行動去達成目標。

活在我們的目標裡

我們常常一心追求目標，透過做很多事來填補自己和目標之間的差距，這種屬於「我做」的模式很消耗能量，因為你和目標中間是有距離的，也製造了很多焦慮和緊張。但當我們學習正念後，就可以跳脫這種限制，不需要看著目標不停的追，可以試著用新的方式，就是活在我們的目標裡，這就是「我在」的模式。簡而言之，我們已經在我們的目標角色裡了，當下就活出夢想中的狀態。

老子的《道德經》曾提到「無為而無不為」。如果可以順其自然、不去強求，那我就沒有什麼事不能做到的。換句話說，愈不做反而愈有力量可以做任何事，表達的就是把「我做」轉變成「我在」。從一直想去做什麼來擺脫現況，變成願意接納現況，同時把自己調整成與夢想同頻，當下就活出在目標達成時的狀態。

當你在這個角色裡，你的行為自然而然就會行動出來，例如想成為事業成功、家庭幸福的人，一開始就要把自己當成這樣的人，處在角色中。當你在那個狀態時，行為會很自然的活出來，輕鬆不費力。

我看過一篇有趣的報導，是來自八十個空服員的貼身觀察，他們發現頭等艙和商務艙、經濟艙旅客的表現是不一樣的。頭等艙旅客大多會看書；商務艙旅客大部分在看雜誌、用筆電工作；而經濟艙旅客則會看報紙、看電影、玩遊戲和聊天。在機場貴賓室裡的人大多數都在閱讀，而普通候機區的人都在玩手機。如果是你，你會怎麼做呢？

你只需要順勢而為

暢銷書《富爸爸窮爸爸》裡提過一個概念：想要有錢，要先有有錢人的頭腦，有錢人的思維模式。如果想要有朝一日也坐頭等艙，那麼即便現在只能坐經濟艙，也要像坐頭等艙一樣，帶一本書隨身閱讀，充分利用時間充實自己，讓你的腦子和思維成為一個有錢人的頭腦和思維，讓自己活得就像一個富爸爸。

人生的終極目標是追求快樂，有些人把快樂建築在功名上，有些人把快樂建築在財富上，有些人把快樂建立在健康、感情上，每個人都不一樣，但其實快樂不見得是你要去做什麼事情，或是達成什麼目標才可以得到。我們能夠保持正念的覺知，為自己創造出平靜自在的狀態，生命就有了流動的空間。

你只需要順勢而為，讓自己處在「我在」的模式，處在快樂的狀態，自然而然就會做出很多讓自己感覺快樂的事，也會活得更輕鬆順心。

第三章

正念從呼吸開始

3-1 留意呼吸，覺察自己

正念始於覺察。正念覺察包含兩個層次：

第一個層次：我知道我現在在哪裡。你能覺察自己的心思意念目前放在什麼位置，可能想著過去或是在想將來，又或者跑到幾公里外，甚至地球另一端。一旦發現自己偏離軌道，你要練習把自己拉回此時此地。

第二個層次：我知道我在做什麼。你很清楚當下做的每一件事，它的內涵是什麼，感覺是什麼？你願意把全部心力放在現在做的事情上，去覺察這件事的細節，去覺察你的情緒感受想法，還有行為上的細微變化。

學生時代，班上同學最羨慕的就是很會玩又很會讀書的人，他們玩的時候瘋狂玩，讀書時專心讀書。大部分人做不到，可能在玩的時候擔心書還沒讀完怎麼辦，在讀書時又好想出去玩，所以最後書沒念好，玩得也不盡興！

等到長大後脫離學生生活，進入職場，組織家庭，習慣還是沒變。所以，白天跟主管開會時想著昨天晚上跟另一半吵架、小孩不寫功課，以至於主管講的話沒聽進去；晚上回家，小孩或另一半跟你說話時，心裡又在想白天主管說了什麼、同事現在又傳來什麼訊息，錯失跟家人相處的時光。

因此，一年一年過去了，你在工作上沒做出成績，跟家人關係也不是特別親密。你會感嘆：不知道自己在幹什麼，不知不覺就老了。

止：集中式覺察

「覺察」是解決問題的第一步，在八週的課程裡，會由淺入深，循序漸進的教導大家兩種不同類型的覺察。

第一種是集中式覺察，它是「止」的功夫，可以幫助我們增加定力。第一週的正念練習「觀呼吸」，要練習把所有注意力都放在覺察呼吸上，也就是說我們的覺察是停在一個點上面。你要觀察自己是不是專注在自身的呼吸上，萬一發現自己的注意力渙散，已經離開了呼吸，就請再一次把注意力拉回呼吸，這就是集中式覺察。隨著練習，你越來越能定在一個地方，即便心思意念跑掉，也能很快拉回本來停留的那個點上，提高專注力。

有句俗諺說，人心就像猴子一樣蹦蹦跳跳，東一下西一下、停不下來。那個像猴子一樣的心，其實是人的本性，我們好像天生就會這樣，透過練習正念，讓我們調整猴子般的心，集中專注力，接納自己的不安，讓你的情緒變得穩定。你甚至可以覺察到自己快要變成猴子時，就停下來問問自己，我現在可不可以回來當人。

馴服躁動不安的心

透過正念學習自我控制，馴服原本躁動不安的心。

在持續不斷的正念練習中，我們可以慢慢從原本的後知後覺進展到當知當覺，當你的意念跑掉時，發現自己原來走神了，可以立刻回來專注呼吸。進一步練習後，慢慢的就可以先知先覺，這是最高端的覺察。

你會在心思意念即將跑掉時就先調整自己，讓自己的心思意念仍然可以維持在當下該注意的點。在正念練習裡，你會慢慢從一顆猴子的心，變成先知先覺的心。

一行禪師曾說，最簡便的工具就是呼吸。每當發現自己再度心思渙散，或用盡方法也難以控制自己時，都該運用「觀呼吸」。即便你現在無法專注的觀呼吸，仍要繼續練習，因為唯一的祕訣就是練習練習再練習。

我們也要開始在生活中練習覺察，你可以隨時提醒自己，問問自己，我知道我現在的心在哪裡嗎？如果不在當下，請拉回當下，透過每一次拉回的動作，你就是在練習集中式覺察。

3-2 將潰散的注意力一次次收回來

許多人覺得現代生活常常陷入一片混亂，各式各樣的科技產品讓我們分心，無法專注手邊的工作，也無法專心對待他人。每天全家一起共進晚餐的時間，卻邊吃飯邊玩手機。在辦公室或課堂上也常常忍不住想玩手機，意志力就隨著不同資訊四處飛散。

連我自己也不例外。我曾趕著參加一個會議，卻遇上堵車，情急之下一邊開車、一邊用手機語音開會，好幾次都忘了注意旁邊的車輛，開車時打電話就跟酒後駕車一樣危險。這件事讓我驚覺注意力缺失，成為現代人的大問題、新常態。

專注才能卓越

然而，**專注才能卓越**，我們要學習如何管理**這項重要的心智資產**。

全世界最大的社群網站Facebook，每天用戶超過十幾億。創辦人馬克．祖克柏（Mark Zuckerberg）除了在企業內推行正念，他的一言一行也非常正念。

他的同事曾形容祖克柏：「他習慣把大事切分成小事，然後一步步取得成功。」在某次聚會中，他的同事無意間觀察到祖克柏在火爐旁蹲坐了近十分鐘，小心拿捏火爐與棉花糖之間的距離，讓它徹底加熱又不會被烤焦。由此細微動作可知，一個成功人士即便面對小事，都願意非常認真、專注的完成。

諾貝爾經濟學獎得主赫伯特．希蒙（Herbert Simon）曾說：「資訊會消耗接收者的注意力，因此，資訊過多會造成注意力匱乏。」的確，注意力已經成為越來越珍貴的資源了。

現在該是我們主動因應這個問題的時候了。舉例來說，美國最近流行一種聚會，大家坐下來吃飯時，先把每個人的手機放在餐桌中央，當天第一個忍不住拿起手機的人必須買單。現在也有一些家庭開始實行，晚上回家就把手機放在抽屜裡，不再使用。

促成成功的三種專注力

EQ大師丹尼爾．高曼（Daniel Goleman）認為注意力越集中，做任何事的表現都會更好，他也為每個想要成功的人提出有用的分析和建議。

他認為，**每個想成功的人都需要培養三種專注力：**第一種是**聚焦自身的專注力**（inner focus）。聆聽自己內在的聲音，意識到自己的想法和感受，釐清現在什麼是最重要的；第二種是**聚焦於他人的專注力**（other focus）。能夠同理別人的想法，共感別人的感受，並願意幫助對方；第三種是**聚焦於外在的專注力**（outer focus）。了解你的企業組織所面對的大環境或體系，這對於策略制定、組織管理和創新都非常重要。注意力是可以鍛鍊的，它是心智的肌肉，就像到健身房不斷重複訓練，才能練出強壯的二頭肌。

在八週的正念課程中，我們會一直不斷練習專注力。你可能會發現在練習中思緒就飄走了，也許是想到「肚子餓了，待會練完要吃什麼？」或想到「今天同事穿了一件白色的衣服，我也想買一件」，又或者是「今天的工作表現不太好，明天要怎麼做才能讓老闆開心」，我們的專注力會跑到各式各樣的思緒上。

其實人最難制伏的就是自己的心，我們的心天生就很容易飄走。所以練習觀呼吸的重點不在於練習專心，而是要讓你在分心時學會把注意力找回來，發現自己的注意力飄走了，沒關係！一次一次的，再度拉回呼吸。

專心走路，專心吃飯，專注力越來越高

在忙碌緊張的生活中，也可以練習專注在我們擁有的每一個時刻，不只是聽著引導音檔練習，也可以把它帶到日常生活中，用日常生活的小事練習。例如「正念進食」與「正念行走」，都是讓我們用專注當下的心吃飯、走路。

雖然我們平常在吃飯時無法像正念進食練習音檔一樣，吃一口就花這麼長的時間。但仍然可以用專注當下的心吃飯，把電視、手機先擺在一旁，**不要一邊追劇或玩手機、一邊吃飯，在這段關係中只有你和食物，沒有電視、手機這些「小三」。**好好對待面前的食物，用心品嘗，享受少少食物帶來的大大滿足。

用正念的方法吃東西是可以減肥的，國外有很多研究都證實這一點。如果讓減肥的人練習正念進食，由於他們仔細的慢慢品嘗，所以不易吃下過量食物。此外，因為他們對於食物成分的覺察力提高，可以察覺到食物含有高脂肪，或是有太多調味料在裡面。當你一吃到就能察覺時，覺察的提升可以幫助我們遠離不佳的食物。

專心吃飯，專心走路，看似簡單的事，當我們在生活中日積月累，專注力就會越來越高，工作和學習也會越來越有效率。

我們大腦的灰質負責記憶和情感，研究發現，一心多用會導致大腦灰質萎縮，讓人較容易出現負面情緒，記憶力也會下降，所以請盡量一心一用。

從現在開始，讓我們練習工作時專心工作、跟家人聊天時專心聊天、放鬆時好好放鬆，吃飯時好好吃飯。察覺自己像猴子般的心，就可以嘗試改變！在每次察覺時試著改變一點點，那麼慢慢的，新的神經迴路在大腦裡形成後，氣定神閒、從容自若就會成為你的習慣。

3-3 不念過去，不畏將來

史丹福大學的卡洛．德韋克（Carol Dweck）教授進行了一個三階段的研究。她找來一群十歲的孩子，把他們隨機分成兩組，每一組孩子都做一道題目。當他們做完後，她對第一組孩子說：「你真是個聰明伶俐的孩子！」對第二組的孩子說：「你真是個努力認真的孩子！」

隨後，她又進行第二階段，讓孩子從兩道題中擇一。這些孩子被告知其中一題很簡單，另一題雖然困難但可從中學到很多。結果，被稱讚「聰明伶俐」的孩子中，有五成選擇簡單的題目，另外五成選擇可以學到很多的難題。而之前被稱讚「努力認真」的孩子，有九成孩子選擇能學到很多的難題。

最後，在第三階段的研究，她讓孩子做一道非常難的題目，這題基本上是無法解答的，她想看看兩組孩子的反應。結果顯示，被說「聰明伶俐」的那一組孩子沒有堅持多久就感覺沮喪，很快放棄；被說「努力認真」的孩子更能堅持，雖然到最後也沒有解開題目，但他們享受這個過程，而且更加努力。

Google的執行長每年會給員工訂下一個極難達成的目標。然而，Google內有個標語：「達不到也沒關係，但是你怎麼知道達不到？」大家有觀察到嗎？Google在目標設定的過程充滿正念的態度：我不否認我不行，也不保證一定成功，但我願意努力嘗試，以開放的心全力以赴！

用正念給自己一個空間：活在當下

我們不一定都在像Google一樣的正念環境中工作，但還是可以學習正念的精神，接納當下一切的發生，在接受的同時，用正念打開一個空間。

雖然老闆拿著皮鞭追趕我們完成目標，但仍試著全心全意做好當下的事，用正念的心工作。我仍然可以給自己空間，在這個空間裡活在當下。我們不是在追逐目標或被目標追著跑，而是活在目標裡，把當下的一件事情做好。當我們用正念的態度工作，就不會被壓力逼迫得喘不過氣，因為不再懊悔過去、焦慮未來，而是全心全意投入現在。

正念並不是不檢討過去，不計畫未來，而是立於當下，檢討過去，計畫未來。

我小時候喜歡放風箏，風箏無論飛得多高多遠，控制權是在我手上，因為我拉著握把，用一根線跟它聯繫，如果我放掉握把，這個風箏就會飄走、找不到看不見了。當你知道「我在」此時此地，就像手上有了風箏的握把，你的思緒走到過去和未來，都有底氣、有基礎，所以你可以回來，也知道出去的方向，你不會是一個斷線的風箏。

如果沒有立於當下，就只是讓你的思緒亂飛，你就像斷線的風箏回不去了，最後被吹到哪裡都不知道。當你活在當下，就有了安定的根基，在這樣的根基上去搭建城堡，這個城堡才會穩固，不會地震洪水一來就倒了。

許多成功的企業家在做重大決策時會先閉關，讓自己靜下來。馬雲說：「當我靜下來，公司就靜下來了。」賈伯斯在做重大決策時會先打坐，當他專注於當下，呼吸一段時間，就會生出直覺跟智慧幫助他做最佳選擇。

精通，只需擅長重新開始

《禮記．大學篇》論修養之道：「知止而後有定，定而後能靜，靜而後能安，安而後能慮，慮而後能得。」當要做檢討、定計畫前，請先花些時間做正念練習，你會發現心逐漸沉靜安定下來，不在別處，就在當下此時此地，會有更多的智慧打開。你更能夠看清過去的因果，洞見未來的方向，而不是茫茫然讓思緒飄來飄去，否則你所建造的只是空中樓閣。我們要做的是把地基打穩，在上面蓋出堅固的城堡。當你手中有了握把，就可以把風箏放得又高又遠。

有學員在練習時，覺察自己有負面情緒或重複行為，越看越著急，想趕快擺脫卻更常出現，雖然知道要拉回當下，但思緒總是一再飄走，感到特別受挫。此時，你可以告訴自己：我願意再次重新開始。**正念，不用刻意強求一定要怎樣，只要願意用開放的心去嘗試就好。**那些練得有成果的學員並不是特別厲害，希望大家銘記：**精通正念的人，只是比較擅長重新開始。**

所以當發現自己又走神了，沒關係，重新拉回來就好。接納、不批判自己，是正念基本的態度，但是接納、不批判不代表停留現狀，而是願意再次重新開始。在拉回前，可以做一些事幫助減低焦慮，減少不斷拉回的次數。例如在讀書時一旦發現自己走神，想到昨天發生的事或明天要做什麼，就拿張紙記下來，稍微寫一下你想到什麼。寫下來後，告訴自己：我看見你了，我等會處理，然後繼續專注當下。

當你發現心思又跑掉，再去看一下它在想什麼，把那件事記下來，然後再告訴自己：我會處理這件事情，現在回來繼續看書。你可能會發現，在讀書的兩個小時中寫了五、六條事項，這稱為「待辦事宜」。你每天可以抽一段時間，讓自己全然去思索你的待辦事宜，例如第一條是明天要吃什麼，你今天晚上就給自己十分鐘好好去想明天要吃什麼；第二條可能是前幾天跟同學吵架，現在心裡還是很不舒服，那就好好給自己一段時間去想想吵架的原因，我和同學各自的需要是什麼，我可以做什麼來修復關係。

你的意念是需要被看見的，先把它寫下來，不是告訴自己我不能想，而是告訴自己，晚一點會用足夠的時間處理，現在是念書時間，所以要繼續念書。你會發現當寫下來後，焦慮感會減低，因為你知道這些事會被處理，不是被刻意忽視，你就比較不容易被拉走。

意念就像頑皮的孩子，會告訴你：看到我了沒，趕快來處理！如果你都不理它，它還是會在那裡又跳又叫。如果你告訴它：我看見你了，我聽見你了，我會幫你登記預約時間，幾點時我會專心的處理你。這個一直要求你注意的刺激就不會那麼喧鬧，你便能拉回當下，保持平靜，專心完成手上該做的事。

3-4 第一週正念練習

觀呼吸

開始練習正念時，「觀呼吸」是最簡單也最基礎的方法。因為人要知道自己活著，最直接的方法就是觀看自己的鼻息，還有氣表示還活著，因此呼吸就代表了生命的存在，是我們在這世界的定錨與根基。透過關注呼吸，可以很快的靜下來、定下來，所以在正念的一開始會先教導大家觀呼吸，就是這個原因。

首先，要找一個安靜不受打擾的地方。當然如果練習多了後，你甚至可以在捷運裡或吵雜的地方觀呼吸，也能平靜安定，但一開始建議還是找安靜的地方開始。

腹式呼吸

在練習開始前，我想先問問你平常是怎麼呼吸的？你可以將一隻手放在胸部，另一隻手放在腹部，然後做幾次呼吸，觀察一下起伏的是放在胸部上的手還是放在腹部上的手？如果起伏的是放在腹部上的手，那麼你做的就是「腹式呼吸」；如果起伏的是放在胸部上的手，那麼可能你平常使用的呼吸法是「胸式呼吸」。

胸式呼吸容易讓人感覺興奮和緊張，吸進的氧氣量沒有腹式呼吸多。腹式呼吸時，你的胸部應該會沒什麼起伏，而腹部在吸氣時會脹起，這是因為你肺下方的橫膈膜下降了，肺底部大量充氣。當你吐氣時，肚子會往內縮，使橫膈膜上升，壓縮肺部，擠出裡面的空氣。

有些朋友會說，但我的氣就是下不去，好像只能沉在胸部，沒辦法做到腹式呼吸。的確，對一些已經習慣胸式呼吸的朋友來說，一開始練習不是那麼容易。因此，我要教大家兩個小祕訣，首先雙手扠腰，肩膀自然輕鬆垂下。

第一件事情，想像自己正在輕輕咳嗽。感覺手放在肚子兩側扠腰的感覺，然後輕咳三聲——你的手感覺到了嗎？當你咳嗽、把氣從嘴巴咳出去時，肚子是往內凹的。當要吸氣時，肚子氣進來，就把你的雙手往外推，肚子就脹起來了，相信大家都能感受到。

第二件事情，想像你的鼻子進水了，現在要把水從鼻子裡擤出去。所以同樣雙手叉腰，肩膀自然下垂，讓手指感受到腹部，然後擤三次鼻子——你的手一定有感覺到，當鼻子向外呼氣時，腹部是往內縮的，而當你吸氣時，腹部因為吸飽空氣，會向外推開你的手，這就是腹式呼吸在腹部上的動作表現。

現在，來做一次腹式呼吸，請自然的放鬆肩膀，把自己的身體當成一個氣球，用鼻子深吸一口氣，使腹部膨脹起來，胸部盡量不起伏，當你的氣吸到最飽滿時，停一下，然後緩慢的用鼻子吐氣，肚臍同時向內縮，使你的腹部凹下，當我們將氣吐盡之後，就完成了一次腹式呼吸。就讓我們用腹式呼吸的方法進行觀呼吸的練習。

正念觀呼吸
引導音檔

開始練習：

請找一個舒服的姿勢，坐或躺都可以，準備好後，輕輕閉上眼睛。

首先做三次深呼吸：吸氣——吐氣——吸氣——吐氣，再一次吸——吐——

現在請將所有注意力都放在鼻子上，感受呼吸從鼻孔一進一出，什麼都不要想，哪裡都不需要去，單純將所有注意力放在鼻孔中的呼吸，感受氣息一進一出的感覺。

接下來，試著把注意力慢慢轉移到腹部，你可以試著把雙手放在腹部上，不放也可以，感覺腹部隨著呼吸上下的起伏……在自然規律的一呼一吸之中，形成一個寧靜放鬆的空間，什麼都不需要想，哪裡也不需要去。純然的活在當下，安住在你的呼吸之中，唯一的意念就是放在感受氣息，在你身體裡的一進一出，方寸之間，寧靜安定。

如果你發現注意力跑到別的地方去了，沒有關係，你只需要溫柔的把注意力再拉回呼吸就可以了，這個讓你感覺自在、寧靜安詳的地方，透過呼吸，你隨時都能回到這裡，安住在當下。如果發現心思意念又跑掉，再溫柔的拉回呼吸，什麼都不想，哪裡也不去。

回歸最單純原始的本能，只是呼吸。

放空自在，寧靜安心。

正念進食

練習開始前，先準備一樣食物，什麼食物都可以，最好是小份量。等到你知道怎麼吃以後，可以在平常用餐時用同樣方式試試看，但練習時盡量用小份的食物。在正念的標準課程裡用的食物是葡萄乾。

你可能會好奇，正念也可以用在生活中嗎？是的，正念是一種態度，而這樣的態度可應用在生活的各個層面，只要願意用包容好奇的心，專注當下的人事物，這就是正念的生活，所以不只在靜坐時正念，行、住、坐、臥之間都可以練習正念。我要透過大家最喜歡的「吃」練習正念。

開始練習：

首先，請把臉湊近這個食物，專注的觀察它，就像你是從火星來的，火星人來到地球，第一次看見這個食物，小心翼翼、全神貫注的探索，觀察這個食物的每個部分：它的構造、顏色，觀察它是不是有些地方對稱，有些地方不對稱；觀察它的形狀，好好把這個食物從頭到尾看一遍。

正念進食
引導音檔

接下來，把鼻子湊近這個食物，請閉上眼睛，好好聞它的氣味，它聞起來如何？細細去聞它蘊含的各種氣味，是不是有些味道你以前沒發現過？留意一下自己的嘴巴和胃在聞到這個味道時，產生了哪些反應？是不是感覺唾液從臉頰兩側或從舌根分泌出來？你的胃是不是開始有一些輕微的蠕動？好好去感受，觀察自己全身的反應。

現在，試著用手去拿或用筷子夾、用湯匙挖這個食物，去感受身體肌肉現在的動作，特別是你的手臂和手指，他們如何分工協調，幫助你把這個食物放到嘴邊。你以前可能從來沒有經歷過，也從來沒有特別去注意，現在，給自己一個機會感受一下，同時將食物放進嘴裡，感受它碰到嘴唇的感覺。在口腔裡，試著用舌頭觸碰這個食物，可能你以前吃它時只是直接咬一咬就吞下去了，但現在，我們用舌頭探索一下食物的形狀、質地，你可能會發現，有些感覺是以前從不曾體驗的。

然後，現在試著咬兩下看看，感覺嘴巴的肌肉和牙齒與食物的互動，當咀嚼時，留意這個食物在口腔裡的位置如何隨你的咀嚼滾動，再咬幾下，感覺這個食物在嘴裡的味道、香氣和質地，是不是隨著時間，一個片刻接著一個片刻，都有些小小的不同。

你現在是不是想把這個食物吞下去了？我們平常都不太會去察覺一些無意識的念頭，而我們現在做的練習就是幫助我們有意識的去察覺無意識的動作或想法，在你想吞下去前，請先偵測到你想要這麼做。每一個無意識的念頭都可以被有意識的經驗，你察覺到自己想吞下去了嗎？

當你察覺到了，你現在可以把食物吞嚥下去，在你嚥下食物的時候，可以去感受它，從嚥喉流進食道，是什麼感覺？現在你的嘴裡沒有食物了，你也去感受一下，空的感覺是什麼，而在此同時也可以去感受胃裡裝了食物、沉甸甸的感覺。

3-5 第一週作業

每日請練習以下兩個作業。

看看這個禮拜，你有什麼改變或什麼感覺，也許你發現每一次練習好像都會發生不一樣的感覺，你可能第一次練是這樣，明天練又有點不一樣的感覺，後天練又有點不一樣的感覺，用好奇寬容的心來觀察這一週的變化。

每日進行「觀呼吸」練習

正念觀呼吸
引導音檔

觀呼吸可以幫助我們定錨自己的心，讓自己在混亂的世界或紛擾的思緒裡找到一個定點，就像船要進港，會下錨在水裡，然後船就會停下來，很安穩的在那裡，我們的呼吸就是那個錨。

寫下你做「觀呼吸」的體驗心得：

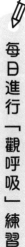

每日找一餐，進行「正念進食」

正念進食
引導音檔

平日用餐可能無法像練習時花那麼多時間。但還是可以在吃飯時打開所有感官去品嘗。日劇《孤獨的美食家》裡的主角五郎吃飯時就挺正念的。大家每天可以找一餐，早中晚或宵夜、下午茶都可以，當一個孤獨的美食家，像五郎一樣非常用心的品味。

寫下你做「正念進食」的體驗心得：

3-6 Q&A

關於「觀呼吸」

Q：練習過程中會覺得身體有些地方會痛，有些部位感覺很緊，怎麼辦？

A：在正念練習時，會發現自己身上原來有那麼多平時沒注意到的種種感覺。有許多感覺並不是你做這個練習時才出現，它本來就在那裡了，只是因為平時有太多干擾掩蓋住身體的感覺，當你把心思專注在自己的身體和呼吸上，才會察覺到它的存在。

所以平常沒察覺到的緊張感，現在察覺了。請把它當成一個提醒，它是在告訴你，你平常脖子就痛、身體就緊。例如有一位同學在觀呼吸時才發現原來胃很脹、不舒服，因為晚餐吃太多了。這都是很好的提醒。身體的聲音是很微弱的，我們平常外面的事情太多了，頭腦急著對這些刺激做反應，思緒紛擾不斷，但很少能靜下來察覺自己的身體。

現在，觀呼吸讓我們有機會定錨，看到身體的需求，身體其實是我們最忠實的朋友，身體從來沒有離開過我們，它一直忠實的二十四小時在為你服務，無論任何時刻，即使晚上睡覺時胃液還是在分泌，心臟仍然在跳動。你通常不會想到要去傾聽它細微的訊息，但如果你發現了，其實它哪裡不舒服、卡卡的，那麼請對它好一點吧。

如果在做練習時感覺肩頸痛，那就記得看手機、電腦一段時間後就要起來伸展一下，甚至熱敷，讓肩頸放鬆喘息，因為這是它剛剛給你的提醒。

Q：在練習中，思緒會飄走，即使在引導詞裡提到要拉回呼吸，好像還是拉不回來，怎麼辦？

A：這是很正常的現象，就像一開始所說，我們的心本來就像猴子一樣跳來跳去，你要一隻猴子馬上安靜坐好，其實是不太正常的事情，一開始沒有辦法很快拉回來也沒關係，就是持續練習，一次又一次，飄走再拉回。

慢慢的，你會形成新的神經迴路，越多練習就越容易定錨在呼吸上。也建議初學者，可以嘗試留心聆聽一呼一吸時發出的聲音，將專注力放在吸氣、吐氣的聲音，較能感覺到呼吸的存在，幫助你定錨在上頭。

Q：為什麼我在做腹式呼吸時會感覺渾身難受、焦慮煩躁，整個人很想動呢？

A：有些同學覺得腹式呼吸不舒服，那是因為太用力了。腹式呼吸其實是在放鬆狀態下自然出現的狀態。你可以觀察一下小孩睡覺的樣子，肚子一定是一起一伏的，用的是腹式呼吸而非胸式呼吸。

所以，剛開始做腹式呼吸覺得很難做到，或覺得不太舒服時，可以讓自己先躺著做，躺著做其實是讓你比較容易放鬆。我們在睡覺時是處於完全放鬆，自然都是腹式呼吸。

正念很重要的態度就是不刻意強求那個狀態。用開放的心接納不舒服的出現，然後繼續呼吸，吸氣時把能量帶到不舒服的部位，吐氣時讓那些不舒服可以隨著吐氣呼出，用放鬆的身體和心情練習，相信大家一定會越來越好。

在正念練習時，每個人的反應都不一樣，甚至同一個人在練習過程中也會出現不同感覺，有些是放鬆平靜，有些是酸痲脹痛，有些是昏昏欲睡，有些是神清氣爽。面對各式各樣的反應時，嘗試用好奇的心探索這陌生的感覺，用包容的心接受它的存在，並且給自己一些時間觀察它的變化。

就像一個溫柔的母親，用耐心和愛心去觀察孩子的反應，聆聽孩子的話語。這些在正念練習中出現的身心反應，很多都代表身體和心靈想傳達的訊息，只是聲音很微弱，我們平時都沒有注意到。

這些反應代表了什麼呢？最直接的方法不是旁敲側擊去問他人，而是直接問身體和心靈：「你想告訴我什麼呢？你想要我為你做些什麼嗎？」慢慢的練習，它會告訴你的。

Q：晚上睡前練習了腹式呼吸，然後早上四點半就醒了，精氣神還不錯。這是什麼原因？

A：植物需要陽光、空氣和水，這些都是能夠讓它製造能量的物質。大家可以想想，人類如何補充能量？不只是透過飲食、休息，還可以透過呼吸。

記得小時候在課本裡看到一句話：「藥補不如食補，食補不如運動補。」運動為什麼很補？就是因為它帶給你大量氧氣，腹式呼吸也一樣，透過長而深的呼吸，慢慢的就可以從當中得到更多能量。

平時用腹式呼吸，你會發現精力變得比較充沛，若在睡前做腹式呼吸，睡得也會比較沉。晚上睡覺時，需要將我們的頭腦、思緒放空，讓我們能夠輕鬆安定，這樣才能沉沉入睡，腹式呼吸會幫助你做到這一點，所以無論是白天或睡前，大家都可以慢慢練習，從胸式呼吸改成腹式呼吸。

Q：我在大部分情況下用盤腿坐姿時，都覺得胸口好悶或胃不舒服，但如果躺下來就會很快進入狀態，這是為什麼？我需要多練習坐姿的腹式呼吸嗎？

A：躺下來練習腹部呼吸會比較舒服，是因為脊椎拉直了。盤腿時，脊椎容易彎曲。想保持脊椎一直線的狀態，有一個小祕訣：拿一條毛巾摺一摺，讓它有一些高度，然後墊在尾椎下，也就是盤腿坐的時候，尾椎下能夠有一個支撐，你就會發現從頭頂到尾椎、整條脊椎自然被拉直，所以胸口會是打開的，就不容易感到胸悶了。

Q：每次正念練習時身上會微微發熱，正常嗎？還是因為內心比較亂而導致？

A：這是正常的。平常我們的注意力都在外在各式各樣的刺激上，很多能量都發散掉了。動物冬眠不用吃東西是因為沒有勞動消耗，但現代人坐在辦公室裡，其實身體也沒有在動，為什麼還是覺得肚子餓、想吃東西？就是因為我們把注意力放在工作或其他刺激上，其實大腦是很消耗能量的。

觀呼吸時，我們把注意力放在自己身上，所以這個能量在我們自己身上遊走。在身體掃描時，你的注意力到哪裡，能量就到那裡，就像傳統說的「氣」一樣，氣走到那裡，自然會感覺有些發熱。

關於「正念進食」

Q：有些人練習正念進食後，覺得東西變得很好吃，有些人覺得東西變得很難吃，大部分的人吃到以前沒有嘗過的味道，為什麼？

A：透過這個練習，你學習用視覺、嗅覺、聽覺、味覺、觸覺和身體的動作感覺，全然投入進食，你會發現原本的食物跟以前不太一樣。在以往的練習中，有些朋友說原本覺得健康的食物很難吃，因為很清淡又沒有太多調味，但透過正念進食，發現原來清淡的食物別有一番風味，有種天然的清甜；也有些人反應說他們原本很喜歡吃加工調味很重的食品，做了正念練習後發現，他們可以吃到化學調味的味道，就沒有那麼喜歡這種食物了。當我們能用心透過感官去感覺，你會發現事物全然不同的風貌。

也有同學提到，他沒辦法像其他同學有那麼多感覺，沒聞到也沒吃到什麼太特殊的味道，其實也OK，不用覺得有什麼不對。我們試著以好奇和寬容的心，全心全意把注意力放在當下，無論發生什麼都可以被接納。吃到好吃的，接納；吃到不好吃的，接納；沒有聞到、嘗到什麼特別的，也接納。

Q：正念進餐該怎麼具體練習呢？吃每一口都要練嗎？我有時會暴飲暴食，雖然不是病態的那種，但自己明白有時候雖然吃飽、不餓了，還是會想吃其他東西。有什麼建議嗎？

A：如果可以，每天找一餐做正念進食練習，這一餐請單獨吃，關掉手機、電視，全然投入，安安靜靜的吃飯，感覺這個世界只有你自己還有那碗飯菜，好好品嘗你吃的每一口。《孤獨的美食家》的五郎吃飯時，就是一個人享受美食中細膩的滋味，所以大家每天可以找一餐當孤獨的美食家，好好享受飯菜。

「正念進食」的引導音檔是要讓大家用非常慢的速度吃一口食物，如果在日常生活當中這樣吃一餐，會吃很久很久，所以大家可以斟酌，你可以不聽引導音檔，就是用專注的態度慢慢吃，細細覺察每一口飯菜，你的味覺、視覺、嗅覺、聽覺、觸覺與身體感覺和這個飯菜之間的互動。

歐美有很多研究顯示，正念可以改善暴飲暴食，因為覺知到自己吃了什麼，還有吃的量是多少，自然比較容易調控飲食。

雖然明白自己吃飽、不餓了，還是會暴飲暴食怎麼辦？你要去探究背後的原因，因為身體還想再吃，一定有沒被滿足的欲望。那個欲望到底是什麼，真的是吃而已嗎?食欲背後隱藏的可能是其他無法被滿足的東西,所以用吃替代,你可能會發現那個沒有被滿足的可能是被關懷,或想要休息的需求,或對緊張高壓的抗議。

當你可以看到背後真正的原因時,就知道要用健康的方法處理它。例如透過運動釋放,或找一些知心朋友聊天,或關掉手機電視,好好讓自己放鬆休息。你可以採取更健康的方式滿足你真實的需求,而不是用暴飲暴食的方式去補償一個偽裝的需要。

第四章

把專注帶進身體

4-1 練習正念的五種常見障礙

拜手機、網路等科技所賜，我們幾乎全天候皆可以與他人連結，但在這個過程中，我們常常會忘了連結自己。

童裝品牌「麗嬰房」創辦人林泰生曾與公司高階主管一起上正念課程，上課時，正念老師引導大家集中注意力，逐一感覺從腳底到頭等身體各部位，結果引導到肚臍時，超過一半的人都打呼睡著了，其中包括林泰生。

有人抱怨自己有睡眠問題、工作太累，但經由老師引導，他們才驚覺原來自己欠缺「專注」，而正念正是要學習專注在擁有的每一刻。你可能會發現保持專注並非易事，是什麼讓我們分心了？

一、想要的念頭

第一個障礙，是我們常常遇到「想要（wanting）」的念頭，像是：「我肚子餓了，待會上完課要吃什麼好？」「我看安安老師今天穿了一件白色的衣服，我也想買一件。」「我今天工作表現不太好，明天要怎麼做才能更好？」因此，在進行正念練習時，會發現自己有好多想要的念頭在裡面，而這些想要的念頭會阻礙你在此時此地此刻，專注在呼吸或身體上。

二、不想要的念頭

第二種障礙是遇到「不想要（unwanting）」的念頭。對討厭的事，我們通常會出現不想要的念頭。像在正念練習時，有些人腰疼，有些人腿麻，開始坐立難安，覺得不舒服，當出現對這個東西感覺討厭不舒服時，就會出現「我不想要！」、「想躲開它或消滅它！」的心態，這些不想要的念頭會阻礙我們專注在正念練習中。

三、昏沉的念頭

第三種障礙也常常出現，就是昏沉（sleepiness）的念頭。在做正念練習時覺得身體疲倦，整個人進入昏昏欲睡的狀態中。有些同學會說，聽了正念練習的引導詞覺得很舒緩放鬆，聽到後面就睡著了。

正念，是我們要保持清醒的覺察。如果真的很想睡覺，可以在做完這些練習後再好好睡，相信你會睡得很好。但在正念練習的全程還是需要保持清醒。

所以，如果你發現自己做到一半就睡著，那麼鼓勵你換個姿勢，例如可能平常都躺著做，那麼就試著坐起來，讓自己保持清醒。如果坐著也很容易睡著，甚至可以站著練習。

四、煩躁不安的念頭

第四種障礙就是煩躁不安（restlessness）的念頭。在過去的練習經驗中，有同學反應一開始做的時候好難平靜，容易躁動、坐不住，沒辦法進入狀態。這種現象很正常，很多人都會碰到，因為平常外界的刺激太多了，新奇的刺激會吸引我們的注意力，心思就被牽引到那個刺激上。如果我們無法細微的覺察身體的感受，就會覺得專注在自己的內在好無聊，因為沒有刺激，心思就散亂了，所以造成躁動的狀態。心思散亂時，觀察一下心現在在哪？當你能夠察覺心在哪個地方，就溫柔、慈悲的將散亂的心再次拉回呼吸和身體。通過持續不斷的練習，訓練感官變得敏銳，同時保持心思穩定。

五、懷疑的念頭

第五種障礙是常出現懷疑（doubt）的念頭。很多人可能坐在這裡練習正念，心裡在想：怎麼別人都有放鬆專注的感覺，我都沒有？怎麼別人都可以感受到身體細微的感覺，我都沒有？所以就會懷疑自己是否能做到。如果你在正念練習時出現自我懷疑的狀態，試著去接受發生和沒有發生的一切，無需評斷那是好是壞，信任生命帶給你的體驗。

其實大家會發現，這五種障礙不只發生在正念練習，也可能出現在生活中。生活被很多「想要」困住，想要某個東西得不到，覺得失落，欲望沒有被滿足；或有很多「不想要、不喜歡」，一些讓你恐懼的事物，你不想跟它在一起，但它好像總是過來，推開它又來。

此外，你是否常在現實生活中昏昏沉沉，沒辦法感知每個當下？我常看到朋友聚會時，雖然同桌而坐卻都在玩手機，每個人都在自己的虛擬世界，沒有出來跟當下的現實真正連接，跟大家的情感真正連接，其實這也是一種靈魂和心靈的昏沉。

可能你平日也會出現煩躁不安的狀態，每天急急忙忙的趕東趕西，靜不下來，永遠在想下一步要怎麼做，無法用正念的態度生活，覺得太慢了。最後一種障礙也常常聽到，特別是在心理諮詢室裡。諮詢者說：「為什麼這問題會發生在我身上？」不知道怎麼走下去，覺得被困住，對自己的能力和人生產生懷疑，怨懟自己為什麼生在這樣的環境，認為自己沒有辦法克服現在的困難。

4-2 四步驟擺脫五種障礙的困擾

我整理出四個步驟，可以一步一步照著步驟去實踐，讓自己有效面對這些在正念練習中可能出現的五種障礙。

第一步是「陪伴它」。當你在做本週正念練習「身體掃描」時，如果發現掃描的那個部位好像沒有什麼特別感覺，或是有些不舒服，都沒有關係。

身體是你最好的朋友，它從出生一直跟著你到現在，你可以陪伴它、關懷它、接納它所有的狀態，就像在陪伴你所愛的人：**它可能會向你抱怨一些它不太舒服的事，即使它沒什麼話要告訴你，但只要你關注它，它可能就已經感覺到很安心了。**

第二步是「體驗它」。我們平常一直在關注外界的刺激，所以沒有時間、精力跟身體溝通，這個時候就是好好看看它的機會。當我們好好看它時會發現，原來它有些緊繃、有些損傷，這個部位需要更多關懷和照顧，當你專注的觀察，才能看到它真實的狀態。

「情緒」的英文是emotion，意思是energy in motion，流動的能量。這意味著情緒需要自然的流動，我們壓抑情緒時就是阻礙能量的流動。當能量的流動受阻，身體就會緊張。例如身體某些部位會疼痛，你的能量可能就堵在那個部位了。所以在做身體掃描時，也許你會察覺到某些部位的感受，在這個身體感受裡深入探索一下，可能會出現情緒的感覺。你可以嘗試去經驗那種情緒的感覺，不要壓抑它，透過你的意願經驗它、接納它，讓能量流動起來。

第三步是「照顧它」。做身體掃描時若感覺到身體有部位不舒服，我也要恭喜你，因為你以前可能忽略這個部位原來積累了好多壓力在裡面，所以當你開始專注於身體時，這個積壓的東西就顯示出來了。

要給予自己的身體更多關懷，特別去照顧它，這是一個很好的機會去聆聽身體的訊息。胃不舒服的要特別注意飲食習慣，吃飯定時適量；膝蓋痛的要特別保養關節，補充高鈣食物，運動要用護膝等。

當身體告訴你它的狀態，要好好去疼愛它。現代人大多是在做健康檢查時才發現身體出毛病，但如果我們可以每天給自己身體掃描，在身體只有小小毛病時就察覺，我們一定會更健康，因為你懂得保養它、疼惜它、照顧它。

第四步是「改變它」。正念是在接納自己的前提下做出改變。例如有些人可能練習一下子就睡著，然後自責沒有把練習做完。沒有關係，要接受自己的確累了，需要休息的狀態，但同時也想一想，怎樣才能把正念練習完整做完。

也許可以試著在覺察到自己有一點昏沉時，就立刻轉換覺察的部位。例如，注意力放在腳上時，覺得好像快睡著了，這時候就把注意力從腳上抽離，轉換到別的部位去，讓自己的覺察是流動的，就不容易進入昏沉的狀況。

或者改變一下環境，在練習過程中很想睡覺，那麼練習地點就不要選在房間的床上，而是坐在椅子上、坐在客廳裡，等做完練習後再回房間睡覺。所以，**先接納自己，但同時在接納的基礎上想辦法改變自己。**

接納是非常重要的基礎，包含接納自己、他人與世界，接納就是讓你可以安住在當下的狀態，當你有了這個基礎，才有足夠的力氣和能量去改變，這個改變才會扎實穩固。

4-3 用開放的心持續練習

正念不只是在上課的幾十分鐘內而已，學習正念，帶到生活中練習，就是在用一個新的原則過日子。

練習前不預設立場

世界上有很多地方都在進行正念課程，怎樣的人才能在正念課程裡有最大的收穫？有些人可能是被父母或學校逼迫，或被醫療院所轉介而來，這些人的心態就是抱著「不會有用」的預期，根據「自我實現的預言」，當然就不會有用，他們可能練個一兩次，覺得沒什麼效果就放棄了。

有些人剛好相反，他們是正念的忠實信徒，非常積極正向的認為「我一定會變好」，結果發現這種人也練不了。還記得嗎？正念的其中一個態度是不強求。如果練習幾次後沒看到效果，就會產生很多懷疑：我怎麼還是會憂鬱、還是焦慮？為什麼身體還是痛？為什麼在痛的時候心情還是不好？因而無法一直保持平常心練習正念，也就容易半途而廢。

最有收穫的是那些把正念融入生活的人，他們一開始上課時並沒有預設立場，「我不知道正念有沒有用，但我願意好好嘗試，看看會發生什麼事」。他們並不是天生特別聰明厲害，而是用開放的心態學習，善於再來一次，不帶任何評判或預期。**請你用一個全然開放、不抱任何預期、不抱任何評判的心持續練習，這就是正念的原則。**

將正念練習變成習慣

持續練習非常重要，八週課程只是一個開始，在未來的日子裡，正念會變成生活的習慣。

有些人會說自己很忙很累，沒有時間練習。很多成功的企業家其實每天的睡眠時間可能只有兩、三個小時，但仍然活力充沛、精神抖擻。**我問他們是如何補充元氣的？他們都有共同的答案：每天再忙再累，都會花一段時間靜坐，這讓他們能保持活力。**

他們告訴我，靜坐的時間雖然短，但對於身體恢復充電的能力遠高於吃補品、睡眠、運動等，因為他們實在太忙了，必須選擇最有效率的方式充電。人累的時候最需要的就是休息，把正念練習當成讓你恢復精力的方式，每天只要抽十五分鐘休息的時間練習，就會很有活力！

大家可以在忙碌之前做這個練習，因為忙完後才做正念練習，可能會因為太累，練習一下就睡著了。若在你做事前練習，可以幫助你保持專注活力，你就不容易進入又忙又累的狀態。

除了聽引導音檔練習，在日常生活中，只要把心安放在當下所做的事情裡，也是一種正念。例如吃飯，可以每天挑一餐當「孤獨的美食家」；或洗澡時，試著讓自己去感受水流從身上流過，在擦沐浴乳或肥皂時，手接觸皮膚的感覺、聞到的味道，感受身體跟水流之間的互動。你可以將正念應用在很多事上，因為**正念的精神就是以一顆好奇探索、溫柔接納的心活在當下。**

4-4 第二週正念練習

身體掃描

在這個練習中，要試著將注意力當成一盞探照燈，照在身體的各個部位，全心全意去關注和探索各個部位的感覺，我們可能從來沒有那麼細緻的去傾聽過我們的身體。這是一個很好的練習，幫助我們把心思意念放在身體上，正是所謂的身心合一。

身體掃描
引導音檔

開始練習：

現在，請你找一個舒服的姿勢，可以坐著，也可以躺著。

當你準備好，請做三次深呼吸，慢慢調整自己呼吸的頻率，讓自己在和諧順暢的頻率當中，逐漸安靜下來，我們要來練習把注意力放在身體。注意力就像一盞探照燈，探照燈照到哪裡，我們的注意力就放在哪裡。

現在，請將注意力探照燈溫柔的照在你的左腳。把所有注意力放在左腳，感受腳踝、腳掌、腳趾的感覺。可能有些感覺你以前從來沒有注意過，用好奇的心去觀察，試著接納所有感覺。如果你發現左腳有緊張、不舒服的感覺，試著將呼吸帶進左腳。吸氣時，觀想氣息也同樣流向左腳；呼氣時，左腳的不舒服或緊張也隨之鬆開流出。用你的呼吸，給左腳一個放鬆休息的空間。

接下來，將你所有注意力擺放在左小腿和膝蓋。用溫柔包容的心去觀察、感受它們現在有什麼感覺。用好奇的心探索這個地方所有的感覺，包容它、接納它。如果在這個部位發現任何緊張感，吸氣時，觀想氣息流入這個部位，給它能量；呼氣時，所有的緊張不舒服都鬆開帶走，用呼吸為這個部位創造一個放鬆安定的空間。

接下來，請把注意力探照燈轉移到左大腿。探索這個部位的感覺，溫柔的接納、包容所有感覺。請用你的呼吸為這個部位創造一個放鬆安定的空間。吸氣時讓能量流向它，呼氣時鬆開所有緊張與不適。

接下來，請將注意力探照燈照向你的右腳，腳踝，腳掌，腳趾，用好奇探索的心去觀察這個部位所有的感覺。接納包容所有的感覺，讓呼吸為這個部位形成一個放鬆安定的空間，注入呼吸的能量，鬆開、帶走一切不適。

接下來，注意力探照燈來到右小腿與膝蓋，細微的察覺這部位所有感受，接納它、包容它，給它一個放鬆安定的空間。

接下來，注意力探照燈往上，來到右大腿。細微的察覺這個部位所有的感受，接納它、包容它，給它一個放鬆安定的空間。

接下來，注意力探照燈轉向你的下腹和臀部。去感受在骨盆腔裡所有的感覺，帶著好奇探索的心去觀察，包含那些最細微的部分，都用心去體會。如果有任何不舒服或緊張，請給它們一個空間，呼吸放鬆，接納，包容。

接下來，注意力探照燈移轉到你的上腹部。用好奇探索的心去觀察這個部位所有的感覺，如果有任何不舒服或緊張，請用呼吸給它們一個空間，吸氣時注入能量，呼氣時放鬆帶走。

如果在練習的過程裡，你發現自己走神或快睡著了，請溫柔的將注意力拉回自己的呼吸，讓呼吸成為讓你清醒穩定的錨。關照自己呼吸的氣息，回復清醒穩定的狀態，再將注意力擺在我們當下正在練習的身體部位。

現在，請將注意力探照燈照向你的胸腔。清醒穩定的感受這裡所有的感覺，覺察最細微的感覺，如果這裡有任何不舒服或緊張，請給它們一個空間，用吸氣注入能量，用呼氣鬆開帶走。

接下來，注意力探照燈繼續往上，來到你的臉部。覺察臉部所有感覺，探索它，帶著好奇的心，察覺那些你可能從未嘗試察覺的部分，溫柔的放鬆接納。

接下來，注意力探照燈照向你的頭部和腦部。探索頭部和腦部的感覺，察覺那些你從未察覺的部分。感受它、接納它，用吸氣注入能量，鬆開，隨著呼氣帶走一切緊張與不適。

接下來，注意力探照燈轉向你的肩頸。探索肩頸的感覺，察覺那些你從未察覺的部分。感受它、接納它，用吸氣注入能量；呼氣鬆開，帶走一切的緊張與不適。

接下來，注意力探照燈移到你的背部。你可以由上往下，慢慢探索，細細去察覺背部所有感受，用呼吸給你的背部和脊椎一個可以放鬆的空間，吸氣注入能量，呼氣鬆開帶走。

接下來，注意力探照燈移轉到左手臂、手肘。將所有注意力都放在這個部位，觀察所有感覺，接納所有感覺，讓呼吸帶來一個放鬆的空間。

接下來，注意力探照燈移轉到左手掌、手指。觀察這個部位所有的感覺，接納所有的感覺，讓呼吸帶來放鬆和能量。

接下來，注意力探照燈轉向你的右手臂、手肘。細細觀察這個部位所有的感覺，用心去體會，把呼吸帶進右手臂和手肘，鬆開所有緊張與不適。

接下來，注意力探照燈轉向右手掌、手指。用心去觀察一切感覺，細細體會，把呼吸帶進右手掌和手指，放鬆這個部位的緊張。

現在，將探照燈回歸到呼吸的氣息上。一呼一吸，方寸之間，寧靜安定。你現在可以試著慢慢將注意力探照燈的燈光轉弱，將探照燈熄滅。什麼都不做，什麼都不想，全然的放空放鬆，和自己的身體在一起。

正念行走

正念可以應用在我們的行、住、坐、臥之間，包含在你走路時，只要將全然的覺知擺在腳上，去感受你的腳底和地面的互動，你的大腿、小腿、膝蓋、腳掌、腳踝，它們是怎麼運作的，將你的所有專注力只放在走路上。

在開始正念行走前，先教大家一種借力使力，不費力的走路法。先試著走幾步，感覺一下你的腳用力的方向是什麼，腳掌和地面的關係是什麼。很多人會發現，原來我的腳步力量是往前、而不是往下的。也就是說，你和地板之間的關聯性不是那麼強。**當你可以把腳步和地板的關聯性強化，整個人的重心和根基就穩固。**這也是為什麼東方的太極、西方的舞蹈都把走路當成一個很重要的訓練。

那麼，如何走得輕鬆又重心穩健呢?想像一下騎自行車時，你的腳往下一踩，另外一腳就很輕鬆自然的彈起來了，這個被彈起來的腳再往下一踩，另外一隻腳又很輕鬆自然的彈起來。我們要做的行走練習其實也類似這樣的狀態，利用地面之於身體的反作用力，讓我們可以抬起後腳跟行走，你現在可以試著把你的前腳跨出去、往下蹬地。

想像一下這個往下蹬地的力量，從你的腳底穿過地面，往下深入到地球的地心，然後反作用力從地心往上推到地面，向上推到你的後腳，你的後腳很自然的就被反作用力給推起來，就像我們剛剛說的踩自行車一樣。前腳力量往下走，反作用力循環上來，後腳跟自然地被推起來繼續向前蹬地，就是這樣不斷循環。

正念行走
引導音檔

開始練習：

現在請大家找一個安全的環境，雙肩放鬆。想像你的頭頂好像有一根線被提起來，你的脊椎是打直的，非常輕鬆的站著。

接下來請一步一步、非常穩健輕鬆的開始行走。將全然的覺知擺在你的腳上，去感受腳底和地面的互動，你的大腿、小腿、膝蓋、腳掌、腳踝是怎麼運作的，將所有專注力都只放在走路上。

當你發現心思意念從你的腳步上飄走了，那麼請你暫停，站在原地，重新將心思意念拉回到你的腳步，就如同在之前的正念練習裡，我們把呼吸當成一個定錨的點。現在我們練習把雙腳當成一個定錨的點，再繼續開始往前行走。

4-5 第二週作業

每日做「身體掃描」練習

身體掃描
引導音檔

身體是我們最親密的朋友，很多時候我們卻忽略要關注、傾聽它的聲音，造成身體和思想心靈的分離。正念練習能夠幫助我們回歸到身心合一的狀態，花一點點時間好好關照我們的身體吧。

寫下你做「身體掃描」的體驗心得：

本週至少練習三次「正念行走」

正念行走
引導音檔

你可以跟著「正念行走」的引導音檔練習，在走每一步時，左腳、右腳、轉身都要感受你的每一步，就只是在當下，不在別的地方，感覺身體細微的動作。當你發現念頭不在腳步上時，可以停下來，等到你的念頭拉回腳步後再繼續走。你可以在公園裡走，也可以在房間走，路程短也沒關係，來回練習即可。

此外，有些舞團在練習行走步伐時會選麗莎．潔拉德和彼得．波克的歌曲〈Pilgrimage of Lost Children〉當作配樂，它的節拍明顯、速度不疾不徐，可以在網路上搜尋這首歌，做為練習正念行走的背景音樂。

寫下你做「正念行走」的體驗心得：

每日正念的完成一件例行事項

我們可用正念的方式做任何事，無論是烹飪、吃飯、洗碗、刷牙、洗澡、穿衣等。如同前一週的正念進食，你就像外星人第一次來到地球，吃你面前的食物，洗澡也一樣。

法國有一位產科護士蘇尼亞．羅吉爾（Sonia Rochel）發明了一種替新生兒洗澡的方法，名為「Thalasso Baby Bath」，在網路上都可以找到示範的影片。在洗澡時，想像自己是一個小嬰兒剛來到這世界，第一次洗澡。我們要打開所有感官來體驗，你會聞到沐浴露的味道，聞到自己身體出汗的味道，會聽到水嘩啦啦的聲音。再仔細一點，會聽到自己用刷子或沐浴球摩擦身體的聲音。

你也可以挑選其他日常生活中的例行活動，試著在這個活動的每一個片刻保持覺察，看看有什麼新發現。在每一次練習中盡量打開自己的感官，你的視覺、味覺、聽覺、嗅覺、觸覺和動作感覺，試著開放自己去經驗和探索，就像一個探照燈。

寫下你以正念完成例行事項的體驗心得：

Q&A 4-6

關於「身體掃描」

Q：為什麼我在做身體掃描時有溫暖舒服的感覺？

A：當我們身體放鬆時，血管舒張讓血流量上升，所以會有溫暖的感覺。一般來說，在測量一個人的緊張狀態時，會測量他的末梢膚溫，例如手腳的溫度，如果溫度上升就代表末梢血流增加，身體是放鬆的。

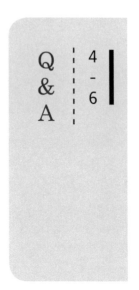

Q：要怎麼把呼吸帶到身體各個部位？

A：如果覺得做這樣的觀想不太容易，那麼可以想像身體部位像有鼻子跟著你一呼一吸。想像這個部位的肌肉一張一弛，就如同一呼一吸一樣，肌肉張弛的頻率跟你的呼吸同步。你可以試著把呼吸帶來的感覺，無論是清涼、放鬆的感覺，或溫暖、舒服的感覺，放在這個部位上，讓這個部位隨著你的呼吸頻率一張一弛，慢慢就可以感覺你將呼吸帶到身體各個部位，讓身體與呼吸同頻了。

Q：探照燈的觀察是在腦中想像一個自己，以第一人稱去觀察自己的身體嗎？是不是觀察部位是亮的、其他身體部位是暗的？還是去感受身體？

A：觀察的部位是暗是亮都可以，探照燈只是一個比喻，我們只要把專注力放在這個部位去感覺它就行，不需要再去想像一個人來觀察自己的身體。現在只是這個部位需要被關注，你去關注它、感受它，然後下個部位需要被關注，你再去關注和感受下一個部位就可以了。

Q：做身體掃描時，有時候身體回饋給我的感覺來得很慢，例如在掃描肩膀時，腿部的感覺會更強烈，這時該怎麼辦呢？

A：每個人練習正念的節奏都不一樣，節奏快慢並無好壞之分。發現自己的身體回饋比一般人慢沒有關係，可以在聽引導音檔時，先照著引導的步驟練習，當你知道身體掃描要怎麼做了，那就可以不聽引導音檔，按照自己的節奏做。可以在掃描的部位耐心等待，等感覺到它的回饋後，再挪到下一個部位。

Q：練習正念時，注意力不能持續集中去探索身體各個部位，要分三次才能做完一個練習。一探索觀察就忘了呼吸放鬆，一呼吸放鬆就感覺快要睡著，沒法集中精力探索身體。怎麼辦？

A：習慣是需要時間培養和練習的。我們要開始練習放鬆跟覺察同時並存。這就是正念練習的奇妙之處。

就像是走鋼索的過程，走鋼索時往右偏、快掉下去了，趕快回正，走一走往左邊偏要掉下去了，趕快回正。放鬆跟覺察同時並存的狀態就是那條鋼索，在放空到快要飄走時，記得拉回覺察的狀態，你在專注中想去控制時，記得拉回放鬆的狀態。鋼索一開始走的時候可能搖擺得很厲害，慢慢的，偏離中心的幅度越來越小，最後就可以以很穩的走在上面。

當發現自己的意念從身體的覺察上跑到別的地方去了，無論是放鬆到快要睡著或一時散掉走神，試著先拉回呼吸，定錨後再重新將注意力放回身體部位。放鬆與覺知並存，這是需要練習的，給自己時間接納所有的狀態，給自己愛心和耐心去走這一段過程。

關於「正念行走」

Q：「正念行走」是要把注意力集中在腳上，還是集中在心上？

A：我們要把注意力集中在腳上。很多人可能走一走會發現，注意力好像沒辦法集中在腳上，前面幾步還可以，但再走幾步就突然想到別的事情。當發現我們的注意力跑掉時，要溫柔的再次把注意力拉回到腳上，繼續覺察。也就是說，當下的心之所在，就在於行走的腳上。

Q：可不可以在上、下班時練習？

A：建議練習「正念行走」時要找安全、安靜的地方，若在車水馬龍之處，第一，如果你把注意力集中在腳上，可能車子來了有危險你都不知道；第二，如果你的注意力都在外面的刺激上，你也難以覺察自己身體肌肉的感覺。

大家可以在動態練習中保持穩定，當你發現你的心不在你的腳上，而是想著「待會要吃什麼？」「旁邊的女生真漂亮！」……我會建議大家先停下來，去看看那個想法是什麼，告訴自己「我知道了」，再把意念拉回腳上繼續走。

你也可以數數：左腳、右腳、左腳、右腳……幫助自己集中。所以，無論是做「正念行走」、「正念進食」或其他正念練習，找一個安全安靜、無人打擾的地方，可以讓你們更輕鬆專注的覺知自己的感受。

第五章

讓身體與呼吸合二為一

5-1 全人是身心合一的整體

很多人會把正念和生活分開，正念時清靜安祥，生活卻仍處在煩亂之中，正念和生活被切成了兩半。

一行禪師曾說，生命只在念念分明的此時此刻，心念離開當下，如同沒有活著的人。洗碗、喝茶、走路、陪伴伴侶、孩子，聆聽同事說話，在每一個當下具足正念，才能夠真正的身心自在。

一個完整的人，包含了個人的身體、心理、社會及靈性層面。「全人」兩個字指的就是身體—心理—社會—靈性之間相互整合的關係。人是身心的整合體，我們卻常處在一種分離的狀態中——身體在這裡，心卻在那裡。

身體在哪裡，心就在哪裡

本週要練習「身心合一」。如果不知道身心合一到底是什麼，那先來看看它的相反狀態。舉個例子，我們常常一直玩手機，玩了很久才回神：「哇！手好瘦好累！」但你在玩手機時都不覺得，放下手機才發現。剛剛那個狀態，身心是分離的，你的身體可能已經好累好瘦，卻沒有察覺，等到你追完劇、打完字才發現。也就是說，我們的心思被外在的人事物帶走了，以至於沒辦法和身體連接在一起。

在我們還是小嬰兒時，餓了就哇哇哭，有人搔我們癢就咯咯笑。長大成人後，如果看見一件很好笑的事情，因為老闆在前面，我們就要憋住不能笑，如果還在開會，也不能因為餓了就離席去吃飯。由於要遵守外界的規則，限制了身心合一的機會，導致我們習慣了不察覺、也不回應身體的訊息，所以身體出了毛病。

其實回到**身心合一的狀態，就是你的心思能很清楚的察覺身體狀態，然後，當身體發出訊息時，可以給予回應和及時的回饋，這就是身心合一。**

身心合一才能覺察身體的問題

許多身體上的毛病源於情緒，你可能遭受高度或長期的壓力，或有一些負面想法不知道要怎麼處理，它們卡在你的心裡，需要找一個出口表達，於是找了身體做為傳達內在訊息的媒介。

當覺知明白身體疾病的本質，才能真正從原因去解決，才會知道問題出在哪裡，可能是源於心裡一些沒有被解決的情緒，可能是來自你對很多事情的看法。當我們只把身體的問題放在身體上，你的身體跟心理是分離的。在正念過程中，對自己的身體和心理進行更多覺察和探索時，就會更清楚看到自己身體問題的來龍去脈在哪裡。

當身心能夠再度合一，人的脈絡才能完整顯現，有了清楚的脈絡，處理方式才能真正對症下藥。我們就像在玩藏寶拼圖，缺漏的另一半接上去了，一幅完整的藏寶圖顯現出來，然後才能依據這幅圖找到寶藏，心理問題得以轉化，身體問題得以解決。

5-2 學習「默照」的功夫

在正念中有個概念稱為「默照」。「默」為安定專注，是「止」的功夫；「照」為覺知明白，是「觀」的功夫。其實練習正念就是在練習默照並行，止觀雙運：**我們要覺知明白當下發生的一切狀態，同時保有安定和專注。**人聽到這邊有聲音，看到那邊有東西，頭腦對我們看到、聽到的會起心動念。**默照的修習是：知覺到周遭各式各樣的訊息，但同時保持一個安靜穩定的狀態。**

一開始練習默照時，這兩種狀態可能還無法同時共存。也許覺察的時間需要花一兩分鐘，然後再轉到安住的狀態一兩分鐘，接著再照，然後再默。我們會在這兩個狀態當中移動轉換，漸漸的，兩者重合與切換的時間會越來越緊密，慢慢的兩件事就可以同時進行。

剛開始練習正念無法同時既默又照是正常的，你可以先去探索身體某個部位，等探索得差不多了，就專注安住在呼吸裡，觀想這個部位跟你的呼吸同頻，一張一馳，讓它在一個安靜舒服的狀態。然後再換另外一個部位探索，覺得探索得差不多了，就再安住在呼吸裡，讓那個部位跟著你的呼吸一起安定放鬆。透過持續不斷的練習，你會發現轉換的時間變短了，它們兩個開始逐漸可以同步出現。

在八週的課程裡，我們由淺入深，循序漸進的從集中式覺察，慢慢擴大到開放式覺察；觀照的層次越來越深，範圍越來越廣，要看得清清楚楚，歷歷分明。第一週我們練習把所有注意力放在呼吸上，覺察是停在一個點上；第二週練習把注意力放在身體不同的部位，覺察是在不同點上轉換；本週要練習把注意力拓展到整個身體，練習更開放性的覺察自己。

即便是開放式覺察，仍安住在呼吸中，默照並行，止觀雙運。呼吸是圓心，覺察是圓周，圓周可以無限擴大，圓心卻始終定於一處。在止定靜安的正念中，看透事物運行的規律，看穿令人著迷的現象，才能得到智慧與解脫。

5-3 接受生命中一切的變化

我們的內在常有很多聲音，當我們傾聽自己，會誤以為所有聲音都是內在的真心話。事實上，我們要學習覺察哪些聲音來自恐懼、攻擊、分裂的自我認同。它們或是張牙舞爪，或是可憐委屈，這些聲音虛幻不實，是一個迷障，也是一個考驗。

當你在生活中遭遇不如意、不順遂的事，或碰到不想要的障礙，都可以跟它說：我看到你了，我願意接納當下的狀態。當你接納它，就有了安住的空間去看它變化流動，願你把這樣的心態帶到生活中。請處在無條件愛自己的狀態下，穿越它們進到最裡面，在無條件的愛裡傾聽自己真心的聲音。

在這裡分享一首很棒的詩，相信在任何的正念課程都會提到，是波歇・尼爾森（Portia Nelson）的〈人生五章〉。

人生第一章

我走上街，
人行道上有一個深洞，
我掉了進去。
我迷失了，
我絕望了。
這不是我的錯，
費了好大勁才爬出來。

人生第二章

我走上同一條街，
人行道上有一個深洞。
我假裝沒看到，
還是掉了進去。
我不能相信我居然會掉在同樣的地方。
但這不是我的錯。
還是花了很長的時間才爬出來。

人生第三章

我走上同一條街，
人行道上有一個深洞。
我看到它在那兒，
但還是掉了進去，
這是一種習性。
我的眼睛張開著，
我知道我在那兒。
這是我的錯。
我立刻爬了出來。

人生第四章

我走上同一條街，
人行道上有一個深洞。
我繞道而過。

人生第五章

我走上另一條街。

有學員說，獨處時可以正念，但跟朋友交談時就會完全忘記覺察，自己事後也會反省說了不必要或誇張的話，但好像不知道如何做到事事都正念。

其實你已經在路上了，你現在可以覺察到自己說錯話，就像是已經到了第三章，你知道有一個洞，掉了進去，但願意在事後又爬出來。我們要慢慢進展到第四章，當看到洞時會繞道而行，下次當要跟朋友聊天時，也許可以提前告訴自己做好準備：我要繞道而過。然後慢慢把習慣養成後，你會進入第五章，你走上另外一條街，再也不用提醒自己，因為你平時說的話就會是得體的話，這就是你日常生活的習慣了。

正念的旅程，從第一章走到第五章，人生的層次亦如是，一步一步，成就了每一章的轉變，每一個階段的躍升。

5-4 第三週正念練習

身心合一的呼吸

練習身心合一的呼吸，就是透過呼吸把身心重新整合在一起。很多時候，身體在這裡，心卻不知道跑到哪去了，因此要帶著覺察的意識去觀照身體和心靈，達到活在當下，身心合一。

身心合一的呼吸引導音檔

開始練習：

請你找一個舒適的位置坐下，輕輕閉上眼睛，把專注力放在你的呼吸上。輕鬆自然的呼吸，感受呼吸在身體當中出入的感覺。

你可能發現自己的心思有些散亂，沒有專注在呼吸上。心思散亂是正常的現象，觀察一下你的心思，現在它在哪裡？當你能夠察覺心在哪個地方，就可以溫柔、帶著慈悲的將分散的心再次拉回呼吸，安住在你的呼吸之中，那是你內在的寧靜空間，在寧靜空間中保持覺察，覺察自己的心思在哪裡。

如果發現心思從呼吸上走掉了，沒關係，去看看它在哪裡，然後溫柔的把心思再次拉回呼吸就可以了。

帶著一顆溫柔開放的心去接納所有現象，不做任何批判。心思跑掉多少次，就拉回當下多少次。不斷持續的練習，每一次呼氣都可以放下，每一次吸氣都是新的開始，安住在呼吸當中。

現在請把你的意念從呼吸轉到身體，用好奇的心去探索身體的感覺，用溫柔的心去接納所有的感覺。

如果你覺得有一些部位特別能引起你的感覺，試著把呼吸帶到那裡，讓身體跟著你一起呼吸，隨著一呼一吸，身體也跟著放鬆寧靜。

當這個身體部位逐漸放鬆寧靜下來，不再那麼抓住你的注意力，你就可以將注意力再次擴展到全身，去關注整個身體的感覺，讓整個身體跟著你一起呼吸。讓身體也安住在呼吸當中，放鬆寧靜。

保持覺察，關照全身，身體心靈一同呼吸。放鬆寧靜，身心合一。

正念伸展

在正念伸展中，我們要保持一顆正念的心，不評斷自己做得好或不好，最重要的是時時刻刻覺察自己的動作與身體感覺，不需要勉強自己做那些做不到的動作，保持呼吸的暢順，溫柔專注的觀察自己的感覺。

正念伸展
引導音檔

開始練習：

請你找一個安靜的地方。脫掉鞋子，雙腳站在地面上；把腳分開，與肩同寬；讓雙手輕輕自然的垂在兩側；頭頂、脖子、脊椎成一條直線，頂天立地的站著。

現在，請感受一下你的腳掌、腳趾貼住地面的感覺，感受這種腳踏實地的感覺，如同山一般安穩不動。然後將注意力帶到腳掌，留心感受腳掌的感覺。

溫柔的將注意力帶到小腿、大腿，往上來到臀部、腰部，再往上到腹部、胸部、肩頸，還有後背以及頭部，做一個非常快速的身體掃描。

感受一下現在身體整體的感覺。一呼一吸，留意呼吸，留意身體的感覺。接下來，當我們吸氣時，請慢慢將你的雙手舉向天空。舉起雙手，一直到雙手手心在頭頂上互相碰觸，讓雙手盡量向上伸展。

去感受你的雙手向上伸展的感覺，你的手掌、手背、腋下、腳底，甚至全身的感覺是怎樣的，留心感受，保持呼吸。

現在請慢慢將手放下，手掌向外，手指向上，隨著你的呼吸吐氣，慢慢放下來，回到身體兩側。如果你喜歡，可以讓自己閉著雙眼，去感受身體現在的感覺，感受你手臂的感覺。

現在請深深吸一口氣，讓你的右手往前抬起，往上，再往上，一直到你的手指指向天空。想像一下，在你手指上方有一顆桃子，你想要盡可能去摘到這顆桃子。如果你喜歡，可以稍稍提起左腳跟，讓你的右手可以再往上伸展一些。再試試看伸展更多一些，有沒有可能再高一點呢？

去感覺身體現在的感受，你好像拿到這顆桃子了。拿到後就讓你的右手慢慢往下，讓左腳跟回到地面。整個過程都請用心的感受你的身體，感覺你右手的感覺，左腳的感覺。

現在我們要試另外一隻手。請將你的左手往前舉起，往上拉高，拉高到你的手指指向天空。你可以試著提起右腳跟，讓你的左手盡量向上伸展。同樣的，在你手指上方好像有一顆桃子，請再伸展多一點，就可以拿到這顆桃子了，再多一些，再高一些。你摘到了。現在，你的左手可以慢慢放下來，右腳跟回到地面。整個過程都用心去體會身體的感覺，去感受左手伸展完的感覺，也可以感受右腳跟和小腿的感覺。

接下來我們要做彎腰的動作，你可以舉起你的雙手，呼氣時，讓你的身體慢慢往右彎曲，去感受身體的感覺。繼續保持呼吸，再多一點，再彎一點，到你覺得OK的地方，你可以停在這裡，保持彎曲的姿勢。

繼續呼吸，繼續去感受左側拉伸的感覺。

然後，吸一口氣，將身體慢慢帶回中間，感受一下身體，現在的感覺又是怎麼樣的。現在呼氣讓身體往左側彎下去，在彎的時候感覺肌肉的動作，保持呼吸順暢。留心身體的感覺，到了你覺得OK的地方就停留在那裡，不需要太勉強自己。

停在那裡，感受你右邊身體彎曲伸展的感覺。

吸氣，慢慢把身體帶回中間，感受現在你全身的感覺，感受腰部的感覺，感受兩側身體的感覺。

最後，我們要來做肩膀的伸展。請將你的肩膀往上提起，試著去碰觸你的耳朵。感受那種繃緊的感覺，然後將你的肩膀往後，伸展你的胸部，接下來往下放鬆，再將你的肩膀往前，做一個打圓的動作。我們要將這個圓繼續往上、往後、往下、往前。上、後、下、前，留心去感受肩膀肌肉運動的感覺。

現在我們要朝反方向轉動。吸氣時，同樣舉高你的肩膀，盡量碰觸到你的耳朵。然後往前、往下，再往後擴展你的胸部。上、前、下、後，留心去感受肩膀轉動的感覺。

接下來，我們將肩膀高高舉起，繃緊再繃緊。當我們數到三，請將肩膀完全放下、放鬆。一、二、三……

再次用力繃緊你的肩膀，盡量貼近耳朵，然後數到三，就放鬆它，一、二、三……現在留心去感受肩膀的感覺。

專注感覺身體，專注感覺呼吸。**活在當下，不帶評判的覺察每一個當下的感覺。**用這樣的正念態度，繼續再做身體其他部分的伸展。

5-5 第三週作業

每日做「身心合一的呼吸」練習

身心合一的
呼吸引導音檔

練習身心合一的呼吸，就是透過呼吸把身心重新整合在一起。很多時候我們身體在這裡，心卻不知道跑到哪去了，帶著覺察的意識去觀照身體和心靈，達到活在當下，身心合一。

寫下你做「身心合一的呼吸」的體驗心得：

每日做「正念伸展」練習

正念伸展
引導音檔

「正念伸展」是用正念的方式做伸展動作，過程請慢慢的做，讓你可以細細觀察、覺知自己在每個動作中的感覺。「正念伸展」共有三個動作，當你對動作都很熟悉後，可以自己增加其他伸展動作，如熱身運動或瑜伽術式，同樣細微的去覺察自己身體在每個動作中的感覺。

寫下你做「正念伸展」的體驗心得：

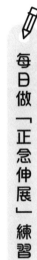

將正念落實到生活中

寫下日常的正念體驗：

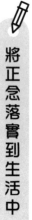

5-6 Q&A

關於「身心合一的呼吸」

Q：正念練習時，腿麻了可不可以換腳，身體癢可不可以抓？

A：在初學者的層次，如果想要調整身體姿勢，哪裡癢想抓一下，或腿麻了想換腳都是可以的。要接納自己想換腳和抓癢的行為，探索出讓自己更坐得住的方式。

慢慢的，我們開始學習進入進階者的層次，哪裡癢或腿麻了，試著接納這種癢和麻，探索癢和麻的感覺裡面是什麼，有什麼變化？也就是說，試著和我們的感覺和平共處。

Q：正念練習過程中，會莫名的很抗拒探索身體，不想要進入，怎麼辦？

A：正念，是接納自己一切的狀態，同時也願意在接納的基礎上做出改變。所以不要抗拒自己會抗拒，明白嗎？抗拒就抗拒了，沒有關係，就接受自己的抗拒，這只是一種狀態，沒有對錯。當接受自己的抗拒後，可以允許自己去看看，這個抗拒的背後可能是什麼？也許你會有一些發現，可能是擔憂或憤怒。同樣的，接納自己有這些情緒，允許自己經驗這些感覺，然後也許你願意再去探索這些感覺的背後是什麼？可能會有一些更深入的發現，也許是創傷、悲哀或恐懼。很多時候，當你願意去經驗那些壓抑的感覺，你會發現它們其實並不如我們想像的可怕。甚至當你看見、聽見它，願意接受它的存在時，它們就會開始變化，卡住的能量開始流動。

可以在接納自己的基礎上，先試著做小部分的身體掃描，例如只掃描我的左手，等到慢慢習慣對左手的探索，抗拒解除了，再擴大部位，從左手開始延伸到右手，隔天再多加一個部位，逐漸適應身體的覺察，從小範圍開始每天一步步的增加，讓新的習慣慢慢養成。

Q：練習時，總不自覺的眉頭緊鎖，雖試著放鬆但效果不大，眼睛也跟著緊繃，該怎麼解決？

A：請在一開始練習放鬆呼吸時加一個動作：嘴角微微向上，保持微笑。用放鬆的呼吸和微笑的表情做正念練習。這個方法不僅適合覺得自己很緊張、焦慮的人身上，其他人做正念練習時也可以加入這個步驟，你會發現練習完後，整個人都更加愉悅了。

身體跟心理是互相影響的，會因為心情輕鬆愉快而微笑，也會因為微笑觸發我們產生更多輕鬆愉悅感。所以大家可以嘗試做放鬆呼吸時，順便將嘴角向上，用微笑來開啟你的正念練習。

Q：如何把注意力放到全身？我始終只能把注意力放在一個點上，像腳踝、膝蓋等，試了好多次都無法觀照到全身的感覺。努力觀照全身時就又得像身體掃描那樣從頭到腳掃一遍，就是無法觀察到全身的感覺。

A：身心合一的練習會試圖把注意力從局部擴展到全身。如果覺得有點困難，教大家一個方法，就如同丟一顆石頭到湖裡，石頭從一個點進入湖中，然後激起的漣漪越來越大、越來越大。你可以做一個這樣的觀想：先把注意力定在一個點上，就像一顆石頭丟到湖裡，這個漣漪慢慢散開來，將注意力漸漸擴散到其他部位去。

例如你先觀照膝蓋這一個點，然後以膝蓋為圓心，慢慢把這個圓擴大到膝蓋兩旁的肌肉；再大一點，這個圓周到了小腿和大腿；再大一點，這個圓周擴展到腹部還有腳底了。把這一個圓再拉開來，最後覆蓋你的全身。

關於「正念伸展」

Q：我在做正念伸展的彎腰時接不住氣，怎麼回事？

A：我們練習時是不憋氣的，就是自然放鬆的呼吸。有些同學在伸展到底時，會想要拉伸得再長一點，所以就憋氣在那裡使力，這樣很容易會上氣不接下氣，做下一個動作時氣就不夠了。即便你想嘗試挑戰自己拉伸的極限，請慢慢來，不要憋氣，放鬆自然的呼吸就行。

Q：做彎腰和收縮肩膀練習時，似乎感覺到自己猙獰的表情，真的好辛苦呀！彎腰沒多久就感覺小腹在顫抖。練完收縮肩膀後感覺頸椎好痛，為什麼？

A：正念是讓我們輕鬆而專注的做當下的事。輕鬆而專注，這兩件事要同時做到。通常大家專注時會非常用力，導致了你描述的感覺。在練習正念過程中，要放鬆、專心的做，做的時候保持自己對身體的覺察，注意自己是不是用放鬆的狀態做。

如果發現你開始緊張用力，就告訴自己放鬆下來。

我喜歡跳舞，也喜歡打太極拳。無論是舞蹈或武術老師都告訴我類似的概念：專而不緊，鬆而不垮。**專注但不緊張，放鬆但不散亂。**我們做每一種練習，無論是正念行走、正念伸展或聽引導音檔時，都要盡可能保持放鬆專注，時時覺察自己是否處在這樣的狀態，若偏離了就及時進行自我調整。

第六章

解碼情緒的反應

6-1 腦中的自動化導航系統

許多成功企業家都有定期安排一段安靜獨處時間的習慣，有些甚至每週一次，練習沉澱自己、察覺自己。

前微軟執行長比爾・蓋茲（Bill Gates）過去習慣一年兩次，空出整整一週閉關修練，在非常安靜的場域中度過一個人的隱居生活，除了他本人，完全禁止其他人踏入，甚至不和其他人聯絡，這段時間他稱之為「思考週（Think Weeks）」。

在完全獨自一人的環境下，他規定自己得仔細研讀平常沒時間處理的公司檔案、想想該對員工說些什麼、審視自己如何處理工作和生活。覺察自省的獨處時間有助於發想創意、沉澱心靈、儲備能量，以跨過下一次更艱鉅的挑戰。

本週就要帶大家進入對心的覺察，而我們的心包含了念頭和情緒。

塔爾・班夏哈（Tal Ben-Shahar）是哈佛大學最受歡迎的人生導師。有一次他帶女兒去動物園玩，拍了很多漂亮的照片，回家後他把照片的大兒子看，大兒子就趁他們不注意時把照片都刪掉了。

他發現後非常生氣，在情緒即將爆發之際，他察覺到若是放任情緒，不但對事情沒有幫助，到時候還會後悔。他告訴大兒子：「我必須先離開房間一陣子，等冷靜下來後我再回來跟你說。」等到心情平復後，他回到房間教育孩子該如何處理自己的情緒。這不僅讓孩子上了一課，他也以身作則讓孩子看見，人即便在生氣時，仍能做出理性的回應。

了解情緒的源頭，覺察自己的內心

練習覺察自己的心是非常重要的，在對於自己的情緒、念頭和身體感受進行覺察前，我們要先了解情緒的源頭是什麼。請大家看下頁這幅圖。

當人接受到外界的「刺激」時，我們會馬上有「念頭」出現，這個念頭快到一般人是覺察不到的。由於這個念頭，我們會生出「情緒」，例如高興、生氣，同時也會出現「身體感受」，例如心跳加速、肌肉緊繃。我們通常很難察覺到自己的念頭，因為它後續引發的效應快到好似自動化一般，以至於都還不知道那個念頭是什麼，就已經出現身體感覺和情緒自動變化，直接帶領我們進入行為的「反應（reaction）」，而不是「回應（response）」。

這一連串連鎖效應稱為「自動化導航系統」，就像反射動作、不經思考一樣。例如媽媽在嘮叨時，你一聽到就覺得「好煩喔」，在這樣的情緒下，你的反應可能會立即回媽媽：「可不可以不要再講了。」

當媽媽在嘮叨時，你可能會感覺焦躁、胃揪成一團，這時你可以試著去推測這個情緒和身體感覺背後的念頭是什

正念覺察歷程圖

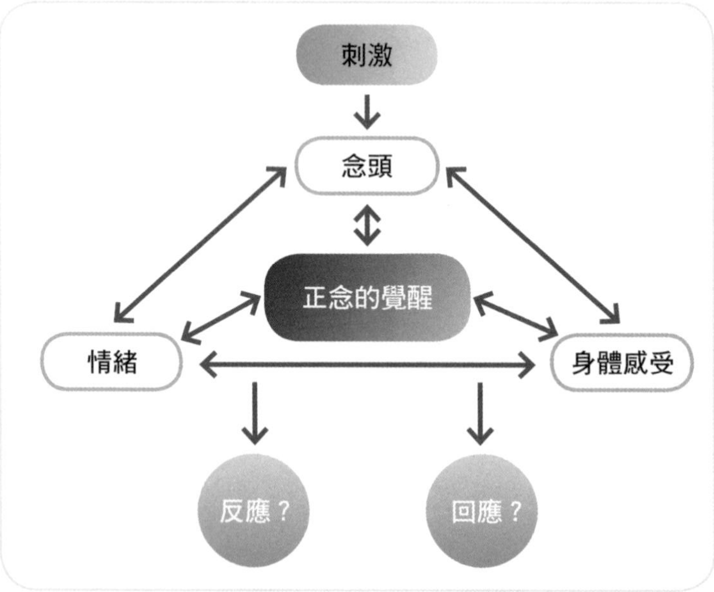

麼？舉例來說，這個念頭可能是「她覺得我做得不夠」。當你可以拆解自己的情緒、感受和念頭時，就脫離了自動化歷程，你可以不再反射性的對它們做出打或逃（fight-or-flight）的反應，而是一個有品質的回應，例如：「媽媽，妳週末想到哪裡走走，我陪妳去。」

自動化導航系統如何運作

我們可以把「自動化導航系統」想像成「無人車」，你不用去駕馭它，它自動就會運轉。當外界有刺激來到，你馬上就反應了，可能根本沒有去覺察在反應前的身體感受、情緒和想法，我們腦中的自動化導航系統，就像寫在無人車裡的程式。駕駛座沒有主人，它自己就跑上路，很多時候我們的反應都是不由自主的，一看到什麼事火就冒上來，血壓上升、心跳加速，腦子出現批評負面的想法，我們好像身不由己的就會這樣！

在「正念覺察歷程圖」中，一般碰到環境刺激所產生直覺式的「反應」，其實是啟動了腦中的杏仁核，它負責在偵測到威脅時，發出訊號讓身體調整成高激起狀態（highly aroused state），如流汗、焦慮、心跳加速、呼吸急促、肌肉緊繃等。人類早期在演化上為了生存需求，碰到兇猛野獸會打或逃，理智等同被關閉，為的是當遇到危險的刺激，我們可以快速做出反應。相反的，我們能覺察到想法、情緒與身體反應的關聯，創造一個內在空間去選擇的「回應」，其實是啟動了大腦的前額葉，這就是我們用來做理智決策的地方。

人的大腦一生都具有可塑性，當我們使用新的習慣時，大腦就會建立新的神經迴路，而這些一直被激發的神經，會不斷受到你的灌溉與滋養，長得更加茁壯；反之，因我們不再使用過去的習慣，習慣就被新建立的神經迴路取代，當下次碰到類似的環境刺激，我們就不會再出現舊有的習慣，自然而然會採用新的習慣了。

因此，當正念練習成為新的習慣，當我們有能力去拆解情緒感受和念頭，我們就脫離了自動化歷程。你可以不再反射性的對它們做出反應，而是能夠有空間做出有品質的回應，啟動大腦的前額葉，做出理性的回應。

6-2 自己當駕駛，做自己的主人

寫心情日記，覺察自動化導航系統

現在，我們要把主權拿回來，開始真正坐在駕駛座，把車開到一個更適當的目的地。

自動化導航系統讓人類在遠古時代能夠生存，猛獸來時無法想那麼多，不然會被吃掉，所以情緒和身體感覺的反應越快越好，才可以活得比較安全。然而，脫離了單純弱肉強食的蠻荒草原，進入複雜交織、結構精密的人際社會，自動化反應機制反而造成我們的困擾，所以我們現在要從不由自主的自動導航系統模式跳脫出來，要學會開車，我們自己當駕駛，做自己的主人。

第四週要開始練習寫「心情日記」，記下自己的身體感受、情緒與念頭。試著去拆解自己的念頭、情緒與身體感受是什麼，解碼刺激至反應間的歷程。

我們要練習覺察自動化導航系統的運作，它太快速、太無意識了，以至於在還不清楚自己的想法時，就立即出現情緒和行為的反應。你在寫「心情日記」時可以稍微留意一下，可能有些負面想法會在不同事件裡重複出現，例如「我就是很笨」，或覺得「我的命就是

心情日記範例

日期		12 / 4
練習中生起的念頭、情緒和身體感受，以及你後來的感覺如何	什麼事情？	今天游泳課，我一直游不好，別人輕輕鬆鬆就游完 25 公尺，我卻怎麼練都練不好。
	發生此經驗時，情緒如何？	沮喪、低落、生氣、擔心。
	發生此經驗時，身體有何感覺？	感覺臉紅、全身發熱； 胃在翻滾、很不舒服。
	發生此經驗時，有何想法？	我怎麼那麼笨，同學一定都在偷偷取笑我。 我連這一點小事都做不好，將來一定什麼也做不了。
	發生這個事情後，我的反應是？	我決定再也不要上游泳課了。 這個教練很爛，我要換教練。
	現在寫下這經驗時，身體有何感覺？有何情緒想法？	感覺胃有點不舒服；我還是滿生氣的，其實是氣自己。

慘」。人出現情緒困擾或不良行為，很多時候是因為自動化導航系統出了問題，這個練習能幫助拆解自動化導航系統的零件，讓我們能看見問題到底出在哪裡。

重新選擇，獲取自由

想做出正確的選擇，必須先認知到我可以有所選擇，同時根據這些可能的選擇做出最有益的行動。**正念並不是讓我們只能在一個狀態裡，而是人能夠自由，因為你有選擇。**

在正念練習時，你會發現可能有正面的想法出現，也可能有負面想法跑出來。消極的想法，積極的想法，都會在你的腦子裡面飄來飄去。你以前可能不自覺的會把想法當成自己，但當你可以察覺到你是你，想法是想法，你擁有這些想法，但你不等於這些想法，你會發現自己和想法可以是分開的，你可以用一個觀察者的角度去看自己的狀態：哇！各式各樣的想法在我的腦子裡來來去去呢！就像天空裡的雲朵飄來又消散，大海裡的潮汐上升又落下。

我們不用執著於一定要消除負面的想法，只要察覺它就可以了。察覺這些想法是什麼？它帶給你什麼情緒？或讓你想做出什麼行為？察覺的過程本身就幫助我們和這些想法之間隔了一個空間。當你認知到你是你，想法是想法，就更容易放下它。在這個空間裡，你就有了重新選擇的自由。

鼓勵大家持續練習，愈練習愈發現，你不再重複掉入陷阱，不會再當某些情緒刺激出現就被反應的自動化導航系統牽著走。當你不斷培養當下的覺察，就一點一滴拿回了自主權，你會愈來愈自由。

6-3 讓情緒來去不執著

選擇，找到真正的自己

環境不會盡如人意，看世界的態度卻能隨心所欲。塔爾·班夏哈曾說，**幸福的祕訣在於我們能夠發掘更多選擇。**我們擁有的選擇其實遠遠多於我們的認知，選擇如何過每一天，就是選擇了什麼樣的人生。

我們可以全然的經驗自己當下的情緒，不抗拒不逃避，也拉開距離去觀察自己的想法和反應，不沾黏不執著。當情緒和想法出現時，練習不當小跟班，只是看著它來去，告訴它也告訴自己：它不過是一種有趣的觀點！你尊重它的出現，但你是你，它是它，你可以選擇不被它牽著走。那麼慢慢的，你會發現你是自由的，你跟它不需要綁在一起，正念幫助我們找到真正的自己。

練習正念認知療法，擺脫情緒困擾

這是一個憂鬱的時代。世界衛生組織（WHO）預測，未來二十年內，憂鬱症可能超過心臟病和癌症成為全球最常見的疾病，目前全球已有超過四％的人為憂鬱症所苦。二〇一七年，世界衛生組織發起「憂鬱症：讓我們來談談」的活動。在憂鬱症的治療方法中，藥物治療是最常被使用的方式，但過去的經驗顯示，一但停止服用抗憂鬱藥物，很高的比例會復發。

為了減低復發率，心理治療是必要的。認知行為療法（Cognitive Behavioral Therapy，CBT）被廣泛運用在憂鬱症治療中，它認為憂鬱的情緒來自於人有錯誤扭曲的認知，因此只要改變認知，就可以戰勝憂鬱。它教導患者要懂得如何分辨和反駁自己的思想陷阱，並建立正面的思想。

但治療者也發現，CBT著重直接面質、駁斥、壓抑負向想法的方式，較易引起患者抗拒，因此出現改革浪潮，稱為認知行為治療的「第三波」發展。最大改革就在於引入正念的概念。英國的約翰・蒂斯岱（John Teasdale）、馬克・威廉斯（Mark

Williams）與加拿大的辛德．西格爾（Zindel Segal）教授，都是非常優秀的ＣＢＴ治療師。他們跟著卡巴金博士學習正念減壓療法，並將正念引入ＣＢＴ，發展出正念認知療法（Mindfulness Based Cognitive Therapy，ＭＢＣＴ）。

ＭＢＣＴ教導患者練習以不批判的接納態度面對自己與世界，看清「想法就只是個想法，並非事實」，協助自己從不斷重複的想法中解放出來。無需對負面想法喊停，無需以正面想法反駁或取代，只需單純的去察覺情緒，接受感覺，看到腦中冒出的負面想法，認清它就只是念頭而已。它會有高漲的時候，也會有消失的時候，你可以嘗試用觀察者的態度去關照自己的想法，而非深陷其中被牽著走。

當練習者看出消極的憂鬱想法只是一種心理模式，透過有意識的覺察自己當下的情緒和身體，將注意力從腦中的沉思轉移到當下的覺察和行動。這削弱了消極想法的力量，讓情緒不被拉低到陷入憂鬱，甚至可以在憂鬱情緒來臨前就覺察到它的先兆，提早採取行動去調整和控制。

臨床控制實驗已揭示ＭＢＣＴ的效果，對於曾經歷三次或以上的憂鬱症發作者，可以減少四十％到五十％的復發率。英國的國家衛生醫療品質標準署已推薦將ＭＢＣＴ用在曾經歷三次或以上的憂鬱症患者身上。也有證據顯示，ＭＢＣＴ與使用抗鬱藥物的療效無顯著差異，但練習ＭＢＣＴ比持續服用抗鬱藥物的患者有更低的復發率；許多研究也發現，ＭＢＣＴ對憂鬱症和焦慮症的治療與預後效果與ＣＢＴ相當。

因此，某些使用抗鬱藥物或CBT無效的憂鬱症患者，MBCT是更佳的選擇。不但沒有抗鬱藥物的副作用，且較CBT輕鬆容易，相比所花費的金錢、時間或醫護人力成本也更經濟實惠。如果你或身旁的人有情緒困擾，推薦的解決之道即為正念，現在讓我們一起來練習吧！

6-4 第四週正念練習

觀情緒

我們每天都要接觸各式各樣不同的事物與刺激，這些事物與刺激輸入大腦，在認知系統評估後，會做出情緒及行為反應。由於社會規範和環境壓力，很多時候我們無法真實表達感覺，將感覺壓抑在心裡，慢慢造成很多負面影響和身心疾病。

觀情緒的正念練習就是要幫助我們回到真實的自己，去察覺當下的情緒。當我們願意如實觀照情緒的面貌，不再壓抑它，願意如實的傾聽、看見它時，我們就更有機會能與它和平共處。

觀情緒
引導音檔

開始練習：

請你找一個舒適的位置坐下，輕輕閉上眼睛。

把專注力放在你的呼吸上，輕鬆自然的呼吸。專注力就放在感受呼吸在身體當中出入的感覺。

在呼吸之中去察覺自己當下的情緒，是快樂、平靜，或憂傷、煩躁，都有可能。請你安住在呼吸當中，去察覺自己當下的心情。

你的情緒可能隱藏在你的身體部位當中，請你用心去察覺它在你身體的哪個部位，是在你的心口，在你的肩膀上，還是在你的臉上，或是藏在你的小腿、膝蓋、眼皮，都有可能。

它也可能同時出現在好多不同的身體部位，請你安住在呼吸當中，用心去覺察它在哪裡。去看看它的大小、顏色、質地、形狀。是大的，還是小的？是冷的，還是熱的？是輕的，還是重的？有什麼顏色嗎？又是什麼形狀？用心去感受它。

當你察覺了情緒的位置、大小、顏色、形狀、質地後，我們要更進一步的了解它。察覺情緒也有自己的需要，很多時候情緒的需要其實很簡單，可能只是想要被看見被聽見，也可能只是想要我們給它一些時間、一些空間，帶著一顆探索、好奇、接納、溫柔的心，去聆聽情緒的需要。

當你看見、聽見情緒的需要後，可以把呼吸帶到情緒所在的位置，讓情緒跟著你一同安住在呼吸當中。放鬆，寧靜。

我如實的觀照自己的情緒，不需要去壓抑它的感覺，用好奇的心去探索情緒，用溫柔的心去接納情緒。

當你仔細觀照了自己的情緒，回歸安住於呼吸，放鬆，寧靜。你擁有情緒，同時你可以不被情緒牽著走。向情緒發出邀請，用慈悲邀請它和你一同進入呼吸的寧靜空間，尊重它的選擇。

在呼吸的寧靜空間當中，如實如是的觀照自己的情緒，不壓抑、不逃避。給情緒一個空間，尊重情緒的本來面貌，同時也給自己的內心一個空間，讓自己可以保持平靜安定。

你可以將呼吸帶入情緒所在的位置，讓呼吸為情緒創造一個寧靜安定的空間，如實如是觀照內心，學習與情緒和平共處。

6-5 第四週作業

每日寫「心情日記」

在聽「觀情緒引導音檔」前，先填寫「心情日記」，想想今天發生了什麼讓情緒特別有感覺的事？這件事帶給你什麼情緒？例如有些人是開心，有些人是焦慮。接下來，發生這件事時，有沒有一些身體的感覺，如心臟部位涼涼的，肩膀重重的。然後再想想，當時自動出現的念頭是什麼？也許就是這個沒有被意識到的念頭，造就了這樣的情緒。接下來，寫下你的行為反應，你當時如何處理這個事件？現在又有什麼感覺、情緒和想法？

第四週作業

日期		____年____月____日
練習中生起的念頭、情緒和身體感受，以及你後來的感覺如何	什麼事情？	
	發生此經驗時，情緒如何？	
	發生此經驗時，身體有何感覺？	
	發生此經驗時，有何想法？	
	發生這個事情後，我的反應是？	
	現在寫下這經驗時，身體有何感覺？有何情緒想法？	

每日練習「觀情緒」

觀情緒引導音檔

填寫「心情日記」後，請聽「觀情緒引導音檔」。聽完後，細微的觀察自己在情緒、念頭、身體感覺，以及對此事件的處理方式出現了哪些變化。

寫下你做「觀情緒」的體驗心得：

6-6 Q&A

關於「心情日記」

Q：當一天之中發生了很多事、產生多種情緒，應該記錄哪一種心情日記？是每一種都記錄還是只記錄自我感覺最重要、影響最大的？

A：如果大家能記錄很多情緒事件當然很棒，但至少每天記錄一件事情。因為每一次記錄都是給我們一個機會，重新去看我們的想法、情緒、感覺，還有反應是什麼？當你可以分辨出你的「自動化導航模式」時，隨著不斷練習覺察，在情緒快要升起前就可以察覺到它。此時就不用再追著它跑，無需對它起反應，而是可以選擇有品質的回應。

Q：在寫「心情日記」時，往往先感受到情緒，但情緒有時不是由某事件所引發，可能只是累積了很久才意識到，有時甚至連自己也搞不清楚。這種情況該如何處理？

A：我有個朋友是正念的長期練習者，某天他跟客戶提了一個案子，審核的人跟他說：「這個案子做得不好，所以沒有辦法給你預算。」他回到辦公室，心裡很難過。連他自己都覺得出乎意料，早已看過人生大風大浪，只為了一個小計畫沒有通過，應該不至於這麼難過。但不知道為什麼，他仍然很難受。後來，在進行正念練習時，他才發現原來跟他溝通預算的人，長得很像他父親年輕時的模樣。原來他難過的不是今天這個承辦人員拒絕了他的提案，而是小時候他向爸爸展示自己的表現時，爸爸不認可他的樣子，讓他感到非常失落。

當他看見自己的情緒後，他去感覺那個情緒、知道那個情緒在哪裡，並且接受它。然後告訴自己：「我在此刻給予自己很多的愛，我願意再次原諒我的爸爸，其實他不懂怎麼做爸爸，現在我也是一個父親，我會用更適當的方式教育自己的孩子」。

當你發現好像心裡有個情緒，但不知道是什麼引發、但情緒就在那裡時，沒有關係。建議可依照「觀情緒」的方式去感受它，探索這個情緒背後有沒有什麼話想說。

你可以問它：「你有什麼話想對我說嗎？」如果沒有，你也允許，因為**正念的態度就是接納一切的狀態，你可以等待。**用一顆柔軟開放的心去看待你的情緒，就算不知道它從何而來也沒有關係。當你願意這樣溫柔的等待它，也許它會告訴你一些事情，也許不是當下的事件，就像這個朋友的故事。此時，你可以給自己一個抱抱，給予它一些耐心與時間。

Q：我大多數時間意識不到、只有寫心情日記才能意識到自己的情緒，有很多負面情緒從心裡一直湧出來，雖然學習正念知道要拉回呼吸，但好像很困難，還是會憤怒、暴躁、害怕、恐懼。怎麼做才能讓自己不被情緒牽著鼻子走，真正脫離情緒困擾？

A：無須對自己說我不可以生氣、不可以害怕。正是因為練了正念，我們可以對情緒保持開放，跟它說「歡迎光臨」，但我們不會強留它，也不壓抑它。我們不會說你不能來，也不會說你不准走。

你觀察到了情緒，也承認你在那個情緒中，可以想想看有什麼新選擇。也許你發現自己面對某件事情是很難過的，之前可能根本不願意看到它，但現在你願意看見它了，所以你可以做出一個新選擇的回應。

看看這個情緒的背後，它真正想要的東西是什麼呢？背後的信念又是什麼呢？通常我們會出現一些負面情緒，不外乎兩種原因，那就是有些需求沒有被滿足，或是有一些根深蒂固的扭曲信念。

危機就是轉機，負面情緒其實是一個禮物，我們不要認為它都是壞的。換個角度，它是一個提醒，幫助我們越變越好，它可能提醒了我有些需求是沒被滿足的，例如有學員害怕親人離世，這時的提醒是明天早上起床後，要給爸媽一個擁抱，告訴他們你很愛他們，同時也告訴自己要開始練習獨立。

接下來，我們再去看看這樣的情緒背後，除了有未被滿足的需求，也許還有一些是扭曲的信念造成。例如有學員提到，家人不幫他買東西時，他就會很生氣。你可以看一下背後的信念是什麼，可能是你不給我買東西代表你不愛我，這是真的嗎？當你細想以後會發現，也許他們不買東西給你，正是因為他們很愛你。就像小孩子喜歡吃糖，但父母會考慮到他吃糖會蛀牙，所以不買糖給他。當你發現真正的事實，反而生出很多感謝。

所以當我們有負面情緒時，**第一是用開放接納的心，放鬆自己去觀察它，跟它說歡迎光臨，不抗拒但也不執著**。當它要走時，跟它說謝謝光臨，這樣就好了。**第二要相信危機就是轉機，去看看這個負面情緒背後，可以為我們帶來什麼禮物**。

關於「觀情緒」

Q：做「觀情緒」時，常常感覺不到自己有任何情緒，這是正常的嗎？

A：首先，這要分兩種狀況：

一種是「麻木（numbness）」。從小到大都習慣壓抑自己情緒的人可能會產生這種狀況。小時候我們常被教導「不可以哭」，大人說「哭了，我就揍你」，所以變得不敢哭了！如果是因為這樣，導致壓抑自己變成一種習慣，那麼有可能就會感受不到情緒。

另一種是「平靜（calmness）」。其實平靜很好啊！平靜也是一種情緒，試著去感覺那個平靜就好了。平靜帶給你的感覺可能像一片毫無漣漪的湖面、或者像一片清朗無雲的天空，平靜不代表沒有情緒，沒有感覺。

所以要去分辨到底你的無感是來自麻木還是平靜。如果是前者，那我們在練習「觀情緒」時要試著把封閉的心打開，往內再探索一下，不需要害怕感覺不好、不太舒服，就算如此，仍試著跟它待在一起。慢慢的你會發現，它不是一個固著不變的狀態；如果是後者，那麼請享受這個平靜。

Q：在我有情緒時，我感受不到情緒的顏色、樣子與大小。怎樣才能感受到？

A：我曾帶著一群孩子做活動，請他們畫出自己被媽媽罵了後的心情，孩子們拿著不同顏色的蠟筆在紙上塗鴉一些你看得懂或看不懂的東西：小明的紫圓圈，小美的黃三角，小花的紅色雲裡有黑線條。我再問他們，很開心時會怎麼樣？他們可能會高興的扭動身體，手舞足蹈、跳躍尖叫。每個孩子都能夠用肢體或圖像表達自己的情緒。

但當我們越長越大，語言發展越來越成熟，能使用的詞彙越來越多，卻好像被社會規範應不應該、好壞對錯的評判給限制了，失去一些本能。當我們想用肢體語言和圖像語言表達內在情緒時，反被老師、父母甚至自己告知這是不恰當的。當我們越來越疏於使用，本能就漸漸消失了。現在我們要恢復本能，方法就是：不評判，多練習。

如果目前無法用視覺表達你的情緒感覺，沒有關係。建議你可以先觀察一下，在觀情緒當中，身體的感覺是怎樣，也許不見得是什麼顏色、形狀、大小，可能是覺得心口好像重重的，或好像肚子悶悶的，這樣就可以了。回到身體上去覺察，因為情緒感覺比身體感覺抽象，所以先從身體開始會比較容易。恢復赤子之心需要一些時間，放下評判，持續練習。

Q：我感受到了情緒，雖說要與它和平共處、不評判，但仍感覺不安、沮喪和憤怒，覺得很無力，因為我是與它一起，但我無法解決根本問題。我就像一個觀眾，情緒就在我旁邊，我幫不了，它好像更失落了。我該怎麼觀照情緒？

A：在練習正念過程中，除了當一個觀眾，看到我們的念頭、情緒與身體感覺，也可以問問它：「你需要我為你做些什麼？你有什麼話要跟我說嗎？」用心感受它給你的訊息，它可能需要一個抱抱、一句我愛你或辛苦了，這些都是你可以給它的，那你就照它所需要的方式給它關懷，這也是愛自己的一種表現。

有個前提是，要先接納自己的不安、沮喪和憤怒，而不是我不舒服！我不要！快走！此時，我們的大腦就偏離了當下。因此，接納當下，練習接受自己情緒的存在：你在這裡，我感覺到你，我感覺到你的不安，感覺到你的不舒服，我感覺到你的沮喪和憤怒，我跟你在一起，這個感覺是被接納的。你有什麼想要跟我說的或有什麼需要，我可以為你做的，請你告訴我。給予自己愛的支持，這是非常重要的。

第七章

看見腦袋裡的念頭

7-1 念頭裡常見的蟲蟲危機：思維誤區

在緊張忙碌的現代社會，失眠已經成為常見困擾。半夜睡不著，不斷想著種種煩惱，挖出過去的悔恨，召喚未來的擔憂，然後在腦中不斷試驗各式各樣的方法消滅它們，又為自己無法平撫情緒感到更焦慮。我們拚命告訴自己的心要掙脫，但這些思緒千迴百轉，毫無進展且愈陷愈深。

為什麼人很容易陷入這樣的惡性循環？這和我們大腦的運作方式有關。大腦有思索事情的強大力量，讓我們在採取行動處理事情前能在心裡先想一遍，因此我們能計畫和想像。然而，一旦我們把對事情的想法和事實本身混淆，就會出現很大的問題，就像卡巴金博士形容的：我們幾乎只活在自己的腦袋之中，完全被想法擺布。所謂的「想法」包含了對事實的詮釋和判斷，這些都不是事實本身，它們只是想法而已。

認清事實，但不要被詮釋這個事實的想法左右，就能跳脫惡性循環。認清這個區別，就等於掌握了正念的鑰匙。

人生不如意十之八九。其實，那是因為我們頭腦裡有許多負面信念，這些負面信念把我們人生中十之八九的事情都變得不如意。

心理學家貝克（A.T. Beck）是認知療法的創始人，他在研究憂鬱症治療的臨床實踐中發現，人們常有八種認知扭曲。這八種認知扭曲會造成我們有不良情緒和反應。我把它稱為自動化導航系統當中的蟲蟲（bug）。想像一下，如果今天在車上放了一個導航系統，導航系統裡有bug，它可能會出現什麼後果呢？導航系統可能會帶你繞遠路、或帶你到並不想去的地方。

腦中的自動化導航系統也一樣，如果出現蟲蟲，我稱這種現象為「腦中的蟲蟲危機」。這些腦中的蟲蟲——也就是負面信念，會限制我們的生命，帶我們走上一條不好走的路，帶我們到一個我們並不想去的地方。因此要能夠分辨出我們的想法中哪些是蟲蟲，才能化解蟲蟲危機。

一、二分法思考

讓人處於非黑即白、非敵即友的強烈對立思考，無法了解另一種思考的可能性。

對於好壞對錯，成與敗兩個極端中間沒有灰色地帶。

例如考大學失敗了很難過，想法就是：「我連一間大學都沒有申請到！高中白念了！」這就是二分法思考。如果我們真實的來看一下事實：「雖然考大學失敗了，但高中三年還是有學到東西，明年還有機會。」這才是事實。所以，大家可以觀察自己「心情日記」裡的「想法」與「反應」，是否有用二分法的扭曲思考看自己。

二、過度類化

藉由幾個少數的例子，做廣泛、全面性的推論。**讓人產生以偏蓋全的邏輯謬誤，產生「總是、一直、就是、都這樣」的限制。**

例如有人把爸爸的車撞壞了，他心想：「我一直都在給別人添麻煩，什麼都做不好。」這就是一種過度類化。在這例子中的真相和事實是什麼？「雖然我把爸爸的車撞壞了，但我沒有一直在添麻煩，人非聖賢，孰能無過。」大家可以檢視一下，在你的想法與反應中有沒有過度類化的蟲蟲。

三、選擇性摘要

亦稱「斷章取義」，**挑自己想聽、想看的資訊，看不到其他可能。**只記住了不愉快、失敗、缺點，並戴上負面的有色眼鏡來評估人事物。

例如有人辦了一個派對，大家都很滿意，但有一道菜壞掉了，派對主辦人不停自責，覺得辦得很失敗，「我做得很糟，怎麼會出一道壞掉的菜在裡面。」人家問他，你這個派對如何？「糟透了！」他只看到不好的那個點，沒有看到其他點，整體來說大家都還是玩得很開心，這才是真相。

四、誇大與貶低

放大錯誤和失敗，或本來有很好的優點和成就卻刻意縮小，讓人一直處在挫折、無助的境地。例如在「心情日記」裡，有人不小心做錯一件事，他記錄的想法是「我長大了還做這麼幼稚的事，真是該死」，這就是誇大的思考。

在亞洲人身上時常看見「貶低」的現象。東方文化以謙卑為美德，其實有時候過度的謙虛並不是一件好事。像是孩子考試考得好，爸媽就說：「他不過是一個普通學校的第一名，沒什麼了不起的。」其實這孩子從小表現都很好，但父母都沒有給予鼓勵，還刻意貶低他，可能導致孩子長大成人後還一直在追逐，希望功成名就，渴望受人肯定，即使追到了，心裡還是覺得不滿足，因為爸媽對我還是不滿意。這也是一種認知扭曲的蟲蟲危機。

五、應該與必須

不由自主陷入不合理的要求，總是無法滿足自己的要求。我們常常看到：我「應該」要考前三名才對！我「必須」把每件事都處理好！我們常把很多的必須跟應該放在身上，但真的是這樣嗎？

曾有學員說：「我一定要賺很多錢！就算犧牲健康也沒辦法，必須努力工作。」問他為什麼？「因為我的父母需要。」再問他為什麼？他想一想，好像也講不出來。他的父母經濟能力不錯，其實他根本沒有必要這樣，身體都累垮了還如此拚命，但他的腦中有根深蒂固的「必須」。這就是一種自動化導航模式，我們要懂得去分辨「應該與必須」的蟲蟲。

六、貼錯標

只用一、兩項特質就下判斷，讓人產生不可磨滅的負面認同，很難看到自己與他人的優點。如：「我找不到工作，真是個廢物。」此時我就往自己身上貼了一個「廢物」的標籤。但我找不到工作，只代表現在可能時機未到，或能力還不足以符合就業市場的需求，應該要再充實能力，這跟廢物的距離還很遙遠。所以，只因為一、兩樣特質就直接貼一個標籤，整個人只能用這一個標籤來說明，就是貼錯標。

另一種「貼錯標」的狀況是用很多情緒性字眼解讀或描述一個事件。例如職業婦女把小孩送到幼稚園，婆婆就跟鄰居說：「媳婦很不負責，把孩子丟給陌生人照顧。」這也是貼錯標。送孩子去幼稚園跟把孩子丟給陌生人是兩回事，本來是很中性的事件，但婆婆貼了一個錯誤標籤，用很重的情緒化字眼「丟給陌生人」來解釋媳婦的行為，彷彿孩子被遺棄了一樣。

當別人沒有照著我們的期待做，我們是否也會往對方身上貼標籤？例如伴侶沒辦法滿足我的需求，就給他貼上「他不愛我」的標籤，但事實是這樣嗎？去想想事實，看看為什麼對方不能滿足我，也許對方表達愛的方式跟我希望被愛的方式不一樣。兩個人其實沒有好好溝通，我就貼了這樣的標籤。所以我們要練習找出事實，化解蟲蟲危機。

七、個人化

意指過度將責任歸咎在自己身上。**讓人擔負不該擔負的責任，凡事都往自己身上攬，直到無法負荷。**像是：「要不是因為我，父母就不會吵架。如果他們不吵架，爸爸就不會出去喝酒，然後發生車禍，一切都是我的錯。」可以看到他把所有責任往自己身上攬。

在華人社會，很多子女背負著父母未完成、可能這輩子都無法達成的期望，要求孩子達成。孩子內化了父母的期待，也同樣認為「這是我的責任！如果達不到就是不孝」，但其實這是很不健康的，是認知扭曲的思考。仔細想一想，父母的投射並不是你的責任。當我們把一切責任往身上攬，就是犯了個人化的認知謬誤。

八、隨意推論

武斷的推論，沒有合理根據就下定論，錯把偏見當主見，一直看不清現實。像是：「有些同事不跟我講話，他們一定看不起我。」事實可能是同事在忙，沒空跟他講話。

有學員在心情日記裡寫道，老闆跑到身旁來看他工作，他想：「老闆是個控制狂，在這種老闆底下工作很倒霉。雖然也想離職，但一定找不到更好的工作，只能待在這個公司裡，我真是沒用」……你可以看到一個個想法不斷跑出來。這個狀況不只是隨意推論，還有選擇性摘要、過度類化、貼錯標。

通常一個想法裡不只有一個蟲蟲，可能有好幾個蟲蟲。有些人會說：「這是我找到的蟲蟲，你幫我看看找對還是找錯了？」本章介紹的這八大蟲蟲，就是在研究中發現最常引起憂鬱症狀的八種認知扭曲，所以你找到的蟲蟲沒有對與不對，只有這蟲蟲是否影響了你，讓你落入負面反應中。

因此，我們要學習拆解自己的身體感受、情緒和念頭，試著看看這個念頭是不是造成一些不好的影響，練習覺察它。就如同這一週每天要做的作業「正念觀蟲日記」，看看今天對應一個外在事件時，所產生的內在想法裡有沒有這些負面信念？有沒有這些認知扭曲？

7-2 用「後設認知」擺脫心念牽絆

練習寫正念觀蟲日記

這一週我們要學習化解這些蟲蟲危機，首先就是培養能分辨蟲蟲的能力，從寫「正念觀蟲日記」開始，請見左頁範例。

觀察「蟲蟲躲在哪裡？」時，可以看一下剛剛講的八種蟲蟲有沒有在你的想法跟反應裡。這八種是最大的蟲蟲，你內心可能還有很多小聲音：「我是怎麼樣的？」「他／她是怎麼樣的？」「這個世界是怎麼樣的？」這些小聲音像蚊子在耳朵旁嗡嗡飛，不停講東講西，都可以試著去檢視它，看看是不是有一些讓你不快樂的小蟲蟲。

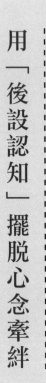

完成觀蟲日記第三點，發現蟲蟲後，請做「觀聲音和念頭」的練習，學習如何用「後設認知（meta-cognition）」看待腦中這些蟲蟲：我們只需要去觀察它的來去，不用進到它裡面，被它帶著跑。

用後設認知應對蟲蟲危機

「後設認知」是指對自己認知歷程的思考、覺察及控制能力。換句話說，一個人可以對自己的認知歷程覺察與了解，也就是我知道我了解什麼，我知道我在想什麼。當可以覺察了解自己的心智歷程，就具備了控制它的能力。

十九世紀的法國演員哥格蘭提出演員有「兩個自我」。看看那些影后或影帝，演什麼像什麼，今天演憂鬱的角色可以變得很憂鬱，明天演搞笑的角色就可以變得很開心，但他們仍保有自我，跟角色是分離的，他們一面投入角色在演戲，一面觀察調整自己的

正念觀蟲日記

日期：____年____月____日	記錄內容
第一、今天我遇到的心情事件是什麼？	
第二、那時我的感受，想法和反應是什麼？	
第三、蟲蟲躲在哪裡？	
第四、正念練習後，我的新選擇（回應）是什麼？	

表演，不論角色的戲份如何激動。哥格蘭說：「演員的第一自我，始終冷靜、隨心所欲的控制自己創造的『第二自我』。演員在竭盡全力、異常逼真的表現情感時，應始終保持冷靜，不為所動，不能被角色拐跑。」

人生如戲，我們是不是也常被角色拐跑，忘記了自己？正念幫助我們區分兩者之間的不同，重新找回自己的力量。我們就只是看著蟲蟲來去，接納它，去感覺那個情緒，但是知道這些情緒是我們創造出來的。知道自己有這些蟲蟲般的想法，知道這些都是創造出來的心念，然後就可以用後設的、平靜的與這些想法脫鉤的方式觀察它們，但不被它牽制。

因此「正念觀蟲日記」第四點，當你能察覺到自己創造出一些蟲蟲，而你知道你不需要被它們牽著走時，你會對這個事件作出什麼新回應，把你的新選擇寫下來。

有一個學員分享，她的老公沒有把東西吃完，所以她覺得老公很糟糕，然後對老公的埋怨又轉向自己，覺得自己也很糟糕，因為自己就是這麼糟糕才會嫁給一個糟糕的人……這個學員的想法中出現很多她創造的蟲蟲：先生沒把食物吃完就等於他很糟糕，這種全盤否定就是「二分法」和「選擇性摘要」；最後變成自己也是很糟糕的人，這是「過度類化」還有「自我貶低」。

當這個學員覺察到原來自己製造了這麼多負面信念，就再回歸事實來看：事實就是老公沒有把飯吃完，如此而已！沒有後面許許多多的扭曲認知。此時可以針對「老公沒有把飯吃完」這件事做處理，可以有一個新的回應。

她原本的反應是怨天尤人、怪自己差勁，對老公發脾氣，看到自己也覺得討厭。但現在事實就是這麼簡單，只是對方沒有把飯吃完，就可以想想怎麼幫助對方去改善這件事，例如減少煮食的份量，或等老公吃完剩菜再煮新的食物。

若對方執意不改，我們也不用把對方的事當成自己的事，每個人本來就為自己的行為負責，沒有必要用別人的錯誤懲罰自己。**當我們越多自我覺察，愈深的看見限制我們的負面信念，就可以跳脫出來，成為一個更健康快樂的人。**

7-3 心念是自己製造的幻境

在我們的文化裡，常把事實（facts）和觀點（opinions）混為一談。舉例來說：「霜淇淋很好吃。」、「霜淇淋是用牛奶做的。」

前者是觀點，後者是事實。

「足球是黑白相間的。」、「跟跳舞相比，足球是一個更好的運動。」

前者是事實，後者是觀點。

事實是真相，觀點是你個人的想像、詮釋和判斷。在心理諮詢中常常提到一句話：**「覺察」是療癒的第一步**。練習覺察，解碼內在的自動化導航系統，在探索自己的過程中，頭腦會蹦出各式各樣的想法，有些是真實的，有些則是妄念。在練習時可以觀察一下，問問自己這樣的想法是「事實」或只是我的「觀點」？

例如：「男朋友跑了，我什麼都給了他，我不可能再談戀愛，我的人生被他毀了！」你覺得人生從此毀了是事實嗎？你覺得你的人生從此不可能再愛了，這件事是事實或只是想像？

大家在練習覺察想法時要看看：這是事實還是觀點？你要把它變成事實嗎？我們會發現大部分想法都不是真的，都是「想」出來的。被男朋友甩了，這是事實；這個男人從此不在身邊，覺得很傷心，這也是事實，但其他想法都不是事實，都是被「想」出來的，如果可以認清這些，就解脫了。

你可能很驚訝，大部分想法原來都是想像、詮釋和判斷，而不是事實本身。我們建構了一個這樣的想法，就照著那樣的想法去做，是我們自己把想法變成事實。如果可以了解這一點，就不會再被想法困擾，因為我們會知道想法和事實是不一樣的！

想法就只是心念升起的現象，如幻如夢。當你知道所處的念頭不過是你創造的幻境，就如同在作夢時能清楚知道你正在作夢。大部分人作夢都是不知不覺的，直到醒來才知道那是夢。

我們陷入自己製造的負面信念，但都不知道那只是幻境。當你把幻境當真，它就會成真，所以現在我們要跳脫出來，要能夢中知夢，清楚覺察腦中的負面念頭只是自己創造的蟲蟲，無須把它當真。練習**從自動化的想法裡脫鉤，認識自己，認清事實，活在當下，理性回應。**

7-4 第五週正念練習

觀聲音和念頭

我們無時無刻都可以聽到聲音，所以聲音也可以拿來做為練習正念的工具。

開始練習：

請先找一個地方，讓自己可以坐或躺著，用舒服的姿勢進行「觀聲音和念頭」的正念練習。

現在請放鬆身體，輕輕閉上眼睛，做三次深呼吸，吸

觀聲音和念頭
引導音檔

氣……吐氣……吸氣……吐氣……再一次吸……吐……

現在來練習聆聽周遭所有的聲音，用一顆開放的心傾聽來自四面八方的聲音。

在聽聲音時，如果出現喜歡或討厭某些聲音的感覺，或聽到的聲音帶給你一些聯想或回憶，如果有這樣的現象，請你回到聲音本身，試著聆聽聲音的本來面貌。

有高有低，有大有小，有起有伏的韻律，被覆蓋的細微聲音，還有聲音的來來去去……用一顆好奇的心去欣賞習以為常的聲音世界，就好像生平第一次聽到聲音一樣，每一個聲音都是全新的經驗，留意聲音與聲音之間的空隙，聆聽背景的虛空。

現在，要讓聲音漸漸退居幕後，將覺察力帶到念頭上來，讓我們來觀察自己的念頭和情緒。

我們心中常常存在很多念頭、想法和情緒。現在我們要練習，看著他們出現或消失，就如同天空當中飄過的雲朵。心就像天空，念頭就像雲朵，有時飄來烏雲，有時飄來白雲，無論是烏雲密布還是晴空萬里，天空永遠在那裡，沒有改變。

你不需要去控制念頭，無論升起什麼念頭，只要看清楚它，知道它是心中升起的現象，不需要去追它，只要看著它自然的出現，停留與消失。

如果你發現自己迷失在想法和情緒之中，那你要恭喜自己，因為覺醒才能看見自己掉入思緒當中。覺察一下自己陷入了什麼狀況，然後重新開始，安住當下，繼續觀察心念的升起，停留和消失。

如果覺得自己的心十分混亂，無法繼續觀察自己的念頭，就把所有專注力放在呼吸上。呼吸是固定的錨，可以讓心安住在當下，請記得無論在何時何處，只要覺得心思紛亂，永遠可以藉呼吸回到寧靜祥和，回到安住當下的狀態。

安住在呼吸當中，繼續觀察心念的升起、停留和消失。無論升起什麼念頭，只要看著它自然的來去，起落，不需要追著它。如果你發現自己又陷入思緒，請覺察一下自己當下的狀態，然後離開念頭，重新開始。

你的心是天空，念頭是雲朵，有時飄來烏雲，有時飄來白雲，無論是烏雲密布，還是晴空萬里，天空永遠在那裡，沒有改變。

7-5 第五週作業

每日寫「正念觀蟲日記」

請先寫「正念觀蟲日記」的第一到三點。寫第四點之前，先練習下一個「觀聲音和念頭」作業。

日期：____年____月____日	記錄內容
第一、今天我遇到的心情事件是什麼？	
第二、那時我的感受，想法和反應是什麼？	
第三、蟲蟲躲在哪裡？	
第四、正念練習後，我的新選擇（回應）是什麼？	

每日練習「觀聲音和念頭」

觀聲音和念頭
引導音檔

練習完「觀聲音和念頭」，再完成「正念觀蟲日記」的第四點。

寫下你做「觀聲音和念頭」、「觀蟲日記」的體驗心得：

Q&A 7-6

關於「正念觀蟲日記」

Q：寫「正念觀蟲日記」時，一不注意就把事件和身體反應、情緒混在一起記錄下來了。請問這樣可以嗎？還是要有意識的把事件跟反應、情緒清楚的分開記錄比較好？

A：根據「正念覺察歷程圖」可以知道，我們的念頭、情緒與身體感受其實互相影響卻又各自獨立，不見得一定要黏在一起。分開記錄即是練習拆解自動化導航模式，可以更清楚看見問題所在。

Q：「正念觀蟲日記」是要時時填寫，還是有空回憶時填寫才更準確有效？

A：如果大家可以時時填寫，練習的次數更多，效果更強。回憶填寫當然也可以，因為回憶可以覺察到比較大隻的蟲蟲，例如印象比較深刻、困擾比較久的想法。如果時間方便，有更多練習觀蟲的機會更好。

Q：在練習「正念觀蟲日記」時，如果「情緒」沒有在當下記錄，透過回憶再進行記錄時，當時的「情緒」會再次浮現。是不是不該為了記錄而去回憶情緒，讓它走掉就好？

A：可以看一下上週「心情日記」的作業，在記錄事件發生當下的身體感覺、情緒與想法是什麼？而現在你正在寫這經驗時，身體有何感覺？有何情緒想法？此時可以做個對照，那時的感覺可能是痛苦不舒服，但回憶那時的感覺，現在寫的當下又感覺如何？有些人可能覺得已經過了，沒什麼感覺，有些人仍覺得非常痛苦。

如果你覺得已經過了，沒什麼感覺，那就是你的心已經讓情緒走掉了。但如果你發現回憶起來還是很痛苦、難過，也許就是這個時機，讓我們好好正視自己的情緒。是時候把它拿起來，看看它背後有什麼念頭，這些念頭可能隱藏了蟲蟲在裡面（例如我是個一文不值的魯蛇），或可能隱藏了你忽略的需要（例如溫暖的接納和鼓勵），好好去跟它在一起，察覺它有什麼話要告訴你，然後做出適當的回應。

Q：雖然學習了區分想法和情緒，但生活中大部分都是直接反應，每次有想法時都要去懷疑，覺得好難受。我也開始一直懷疑我的情緒，變得很遲鈍，怎麼辦？

A：當我們用習慣的方式反應事情，一定最舒服的。然而，現在要培養一個新習慣，練習去覺察自動化導航系統，看看背後的想法是不是事實。當練習逐漸成為習慣，新習慣也會成為你的直接反應。相信大家都聽過「習慣成自然」這句話，習慣的建立需要不斷練習，而練習過程中的確可能產生不舒服的感覺，例如你所說的懷疑和遲鈍，就是因為新的思考習慣尚未「成自然」。

我們仍可以試著接納這種不舒服的感覺，多給予自己放鬆和支持。要注意的是，在過程中可能會出現一種情況，我稱為一個頭兩個大，一個頭在練習新習慣，另外一個頭在這個頭上指指點點。我們很多時候都會批判自己，也害怕別人批判我們，常常擔心自己做得對不對，這種擔心會拉走我們的能量，讓我們無法專注在當下的事。把力氣花在擔心害怕、批判責怪，若把這些力氣拿來專心做當下的新習慣，成功機率會比上次更高。

一隻毛毛蟲羽化成蝶的時刻，需要不停的狼狽掙扎才能破繭而出，突破人生也一樣，要經歷混亂和錯誤。試著享受這些混亂和錯誤，當擔心害怕或批判責怪時，告訴自己：這只是一個過程，然後把能量收回來，繼續專注做當下的新習慣。請給自己一些耐心和愛心，持續、放鬆的練習，當習慣成自然，你就能敏捷的給出自信的回應。

關於「觀聲音和念頭」

Q：觀念頭時，有時腦中一片空白。這個練習中，需要特意想出生活中的某件事帶來的念頭嗎？

A：請你放鬆的觀察聲音以及念頭。如果此時此地並沒有出現什麼念頭，那麼你就是發現自己沒有出現什麼念頭。觀念頭，可以練習觀一個念頭、兩個、三個，也可以觀零個，就按照你當下的狀況而定，重點是要保持在「觀」的狀態。

Q：練習正念時，反而出現比平常更煩亂、害怕、抑鬱的感覺，怎麼辦？

A：在一個嘈雜的環境，你把一根針丟到地上也不會聽見聲音。但在一個安靜的房間裡把一根針丟到地上，可能就會聽見細微的聲音了。正念練習也一樣，你讓自己處在專注於內在的狀態，才發現原來我有的抑鬱、煩亂、恐懼都浮現出來，這並不是因為平常它們不在，而是因為外面的刺激太多了，你沒有辦法注意到而已。

現在你注意到了，就溫柔的覺察它，耐心的給予自己支持和愛去度過這個情緒。你可以告訴自己，我允許自己有這樣的感覺，沒有關係，但也可以看看這些感覺的背後是什麼。也許你會發現一些原因，可能是因為我們一些扭曲的蟲蟲信念造成的，也有可能是更深層的原因，例如前面問題提到的一些內在需求沒有被滿足。

我們都可以把它當成一個機會，危機就是轉機，如果是出於扭曲的信念，知道了就可以不需要再被它牽著走，如果是出於尚未被滿足的需求，可以做些事情來服務需求、愛惜自己。

Q：當有情緒時，會有一些過往的行為模式反覆發作，該如何轉變？

A：唐朝的禪宗五祖弘忍想找接班人，要求弟子們寫一首偈，說明自己所領悟的道。五祖的弟子中，威望最高的神秀寫了這首偈：「身是菩提樹，心如明鏡台，時時勤拂拭，勿使惹塵埃。」慧能在寺院裡只是一個廚房的雜工，他聽完神秀的偈後，寫下升級延續的版本：「菩提本無樹，明鏡亦非台，本來無一物，何處惹塵埃？」五祖認為他的體悟比神秀高明，就把衣缽傳給慧能。

行為模式反覆發作，是因為它形成了一個神經迴路：當某些情緒刺激出現，你就會這麼反應，這就是所謂的「習慣」。習慣要怎麼改，通常採用的方法是在它即將出現時喊停，然後用新的行為取代。但有些時候遇到引發負面情緒的生活事件，那個負面的念頭又來了，雖然知道要用正面想法取代負面念頭，可掉入情緒低谷時，當下轉念不易，需要費盡力氣才能爬出來。

然而，當負面想法出現時，我們可以只是看著它，不用跟隨它，也不用禁止它，你會知道想法只是想法，是你的心對應外界刺激出現的變化，它不是事實，就像六祖慧能所做的偈。

我要鼓勵你繼續正念，愈練習你愈會發現，你可以處在覺知裡去看待自己的情緒。這並不代表你不會痛苦、難過，你仍然去經驗、接納它，允許自己痛苦，允許自己失落，但也允許自己在情緒中仍能選擇適當的回應方式，不斷練習、實踐新的行動方案，會愈來愈進步。

Q：有時某些情緒的自動反應可能是過去的積累，並非當下的回饋。是不是該回到過去解決根源？如何才能解決一直被深埋的情緒？

A：有這樣的自覺是非常好的，當自己發現所經驗的情緒背後還有東西，可以試著溫柔的帶著慈悲與好奇，去探索它的背後到底是什麼？試試跟深層的情緒在一起，相信會有新發現。

然而，有些人可能會害怕，不敢去探索，當你不知道怎麼辦時，建議可以試著回到生命的根基之處，回到當下的呼吸，感受呼吸就好。當你定錨在呼吸裡，會比較有力量，也比較有空間去經驗情緒的變化。所以當需要一些空間和安定時，回到呼吸裡，覺得能量夠了，再走深一點去探索。

探索情緒就像是剝洋蔥，一層一層。可能先感覺到的是生氣，再深入一些，這些憤怒的背後也許是創傷、悲哀或恐懼。當我們感受的差不多了，問問它：「你需要我為你做些什麼？你有什麼話要跟我說嗎？」用心感受它給你的訊息，接納情緒的存在：你在這裡，我感覺到你，這個感覺是被接納的。你有什麼想跟我說，或有什麼需要，我可以為你做的，請你告訴我。

深層情緒最需要的就是無條件的愛，它可能想要你給予一個深深的擁抱，想要聽你說我永遠愛你。好好問問自己，按照內在所需要的方式給予愛的支援，這就是愛自己。

Q：為什麼我在正念練習時會出現一些幻境？

A：有些同學在做正念練習時，進入一個靜定的狀態，心念就會反彈，開始出現幻境。這些幻象其實不是從外面來的，就是你的內在心念自己跑出來的，可能跑出來的是漂亮美好的形象，也可能是可怕醜陋的形象。無論是看起來美或看起來醜的，看起來想要親近的或是可怕的，我們都要學習：看見了就好，不被它帶著走，不被它牽著走，繼續回來做正念練習，離相無相，心得自在。

人心本性像猴子一樣，它希望你還是當猴子。如果有人在練習過程中看見一些景象，或聽見不尋常的聲音，甚至聞到氣味，這些都是幻境，是你的心自己發出來的，告訴它：「我看見了、我聞到了、我聽到了，沒關係。」不要被幻境嚇到或迷住，不要又跑回去當猴子，淡定的回來繼續練習，心念才會慢慢被降伏，心魔才會慢慢覺得真的沒轍了，如何威脅利誘叫你回來做猴子都沒辦法。降服自己的心念，這個過程的確不容易，要有耐心，也要有信心。

Q：當正在經歷情緒事件，是不是一意識到就該馬上轉入正念的狀態？當遇到不公平、不合理的事，腦中會有許多辯論、抱怨，情緒很強，感覺被情緒控制，難以平靜看待，該怎麼辦？這時應該停止腦中批判的聲音嗎？

A：第一個問題，當我們經歷情緒事件，一意識到就馬上轉入正念，這是一個非常理想的狀態，也需要不斷練習才能達到。敞開心胸努力試試看，但不要把這當成壓力或一定要達成的目標。前文提過，如果把正念當成必須、一定要達到的目標去追求，反而很難堅持。**正念的態度是不刻意強求，願意活好每個當下。**所以不用強逼自己每次遇到情緒，就一定要變成正念的狀態，可以慢慢的循序漸進練習，習慣成自然。

第二個問題，如果發現腦中裡有很多辯論和抱怨，不用跟它說：「停！」只要告訴它，我看見你了，我知道你現在很生氣。然後，你會發現這些聲音好像現在很大，過一會又小了，過一會又來了，過一會又走了……它是一直在變化的，我們就是觀察它的變化。

練習一方面經驗情緒，一方面觀察情緒，平靜的觀察自己在憤怒的狀態，待在正念覺察裡觀察你的判斷，然後試著暫時放下那個判斷，先看看事情到底是什麼樣子。也許你會發現，對方做這些事的背後另有原因，或者這只是對方整體計畫的一部分，你會看到更多全貌，你才知道如何更合適的回應這件事。

第三個問題，凡你所見的一切，都是透過當下的情緒、習慣和喜好後呈現，就像戴上有色鏡片看世界，使我們看不清楚事物完整的面貌，也看不清楚事物真實的本性。不只如此，你所看到的樣貌並不通用於其他人，因為每個人的情緒、習慣、喜好都不同，就如同戴上不同顏色的鏡片。

人的天性傾向認為自己的見解最正確，試圖說服別人接受所謂「正確的看法」，但這些正確的看法都只是自己的看法。如果你能明白這些，那你與別人相處就會更和諧。不幸的是，大部分人都不明白這個道理，他們都只相信自己看到的才是真的，因而引發各種衝突。

許多憤世嫉俗的理想主義者容易把世界看成一片漆黑，陷入悲觀失望，懷疑和否認美好價值的存在，最終則放棄理想。但正念的態度並非如此，當我們可以放下偏見，脫下有色眼鏡去看事情，才能看到全貌。當我們能真實的看到事情的全貌，才能做出合理的回應。

第八章

與煩惱和平共處

8-1 接納為改變之母

在我們的生命裡，很多時候會事與願違，面對它們通常會有兩種反應，第一種是生氣憤怒，第二種是害怕擔心。當我們不能接受人事物本來的面貌，痛苦就產生，因為現實與我們期待的有差距。其實，人生痛苦的來源就是「事與願違」，這四個字已經講完人生一切的煩惱了。

在接納的狀態下嘗試改變

有兩句話要記下來：**如果事情不能改變，我煩惱又有何用？如果事情可以改變，**

我又何需煩惱呢？我們要真的能夠接受它，然後處理它。

很多時候，生氣或擔心會拉走我們的能量，讓我們無法專注改善眼前的事，把能量都散掉了，浪費在憤怒和害怕中。如果把這些能量收回來，專注做眼前的事或把它拿來改善現在的情況，那該有多好。因此要告訴自己，我允許煩惱的感覺，我可以接受它的出現。當它出現時，要懂得怎麼處理它，例如放慢呼吸，然後以適合的解決方法改善。**要具備兩個心態：我接受允許它的出現，我也願意努力解決，嘗試改變。**

有同學在練習正念過程提到，正念的接納跟改變聽起來好像是矛盾的兩件事，「如果我想要改變，就表示我不能接納；如果我接受了，怎麼還有動力改變呢？」其實，你想改變一件事情，如果在接納的狀態下改變，效果是事半功倍；如果在不接納的狀態下去改變，效果是事倍功半。

相信很多人都看過以叛逆少年為主題的小說或電影。叛逆的孩子打架蹺課，來了一個春風化雨的老師。老師用的方法跟其他老師不一樣，他不責罵處罰，也不訓斥說你不能做、應該做什麼，只給予孩子溫暖和陪伴。慢慢的，孩子覺得老師真的關心他，真的能夠接納他，孩子的心變柔軟了，改變才能夠在柔軟的狀態下發生。

你要產生改變，前提是先讓自己處在開放而接納的狀態，接納一切可能，你的心才能孕育改變發生。改變和接納可以同時並存，而改變的難易程度也取決於你是否接納。

我曾經歷過一個驚險事件。某天到外面辦事情，晚上開車回家時，看到導航上有一條路比較近，雖然這條路我從沒走過，但因為時間很晚了，就打算走走看。沒想到我竟開進了一條山路，道路非常崎嶇，沒有任何燈光，而且旁邊就是山崖，一不小心就會掉下去。路很窄，無法後退，手機也沒電了。我看車子的導航系統，確定這條路是能回家的，但心裡很害怕，要是不小心開到山崖底下去，三更半夜的沒人能救我，也沒有手機可以聯絡。我越想越害怕，但這時候我突然發現，我的恐懼大部分都是我的想像！

我當下要做的是讓自己的心定下來。告訴自己：「好，我看見我的害怕了，我允許自己害怕。」在害怕的同時，要做的是讓自己專注，沉穩的、仔細的慢慢開，才能開出這條山路。所以，我重新把注意力放在好好開車這件事上，也不斷給自己打氣，告訴自己快到了，我已經前進多少公尺，一定可以開到。所以，我不是不害怕，但是我接受它，我可以害怕，但也鼓勵自己、支持自己去解決問題，為自己加油。

和無法改變的事實待在一起

上一週檢視了讓我們產生負面情緒的想法念頭，觀察有沒有蟲蟲在裡面，練習在幻相中撥雲見霧，看見事實，不被頭腦的推測解讀給誤導。當我們察覺扭曲的想法，撥開妄念看見真相，有時候事實本身還是讓我們很難受。例如親人離世，事實就是親人真的走了，真正要面對的事實還是會讓我們痛苦、怯步，特別是那些無法改變的事。

跟事實待在一起也是需要練習的，因為有些事實的確會讓我們煩惱，特別是無法改變的事。家族治療大師維琴尼亞．薩提爾（Virginia Satir）發現來訪者掙扎或關閉自己的感覺時，會問來訪者兩個連續的問題。首先問：「你現在有什麼感覺？」來訪者可能會說覺得很痛苦、難受，或很生氣、害怕等。接著她會問第二個問題：「當你有這種感覺的時候，你覺得怎麼樣？」

我也想問問：「當你感覺憤怒時，你覺得怎麼樣？當你感覺害怕時，你覺得怎麼樣？」重點不在於你在經歷什麼情緒，而在於你經歷那個情緒時，和這樣的感覺是什麼關係？

當我們看到煩惱的時候，試著跟它在一起。一開始雖然不好受，但當你願意接受它、與它共處，才能穿越它。穿越以後，你會發現原來這是一份禮物，原本的痛苦會變成祝福，讓你的生命越磨越亮。

有一位勇敢的母親叫作郭盈蘭。為了成為母親，歷經六次人工受孕才好不容易得來的小孩，相處竟不到十年，就因癌症病逝。郭盈蘭說，孩子的爸爸很勇敢，堅持要完成孩子的心願：成立基金會。因此兩人以孩子為名，成立了「周大觀文教基金會」，鼓勵幫助患有癌症、罕見疾病、身心障礙的孩童，宣揚孩子生前熱愛生命的態度。外界的支持、助人的快樂，無形中治療了這對夫妻的傷痛，學習將小愛昇華成大愛。他們失去孩子的事實沒有改變，然而他們接受這個傷痛，也繼續帶著傷痛往前走，沒有陷入自怨自哀當中。現在，這個基金會號召超過三十萬人次的義工，服務許許多多病痛中的兒童，這絕對是他們在孩子生病之初料想不到的事。

在此分享一首詩，是十三世紀的波斯詩人盧米（Jelaluddin Rumi）的〈客棧〉：

人就像一所客棧，
每個早晨都有新的客旅光臨。
「歡愉」「沮喪」「卑鄙」
這些不速之客，
隨時都有可能會登門。
歡迎並且禮遇他們！
即使他們是一群惹人厭的傢夥，
即使他們
橫掃過你的客棧，
搬光你的家具，
仍然，仍然要善待他們。
因為他們每一個
都有可能為你除舊布新，

帶進新的歡樂。
不管來者是「惡毒」、「羞慚」還是「怨懟」，
你都當站在門口，笑臉相迎，
邀他們入內。
對任何來客都要心存感念，
因為他們每一個，
都是另一世界派來指引你的嚮導。

8-2 放下好惡之心

接受事情本來的樣子

透過正念練習，會對這個世界的事情保持開放且寬容的心態。有個來訪者跟我說，他不想找坐辦公室的工作，覺得這種機械式的流程很無聊；也不想去外面跑業務，覺得頂著太陽很辛苦；也不想做燒腦的營運，因為工作壓力很大。

你會發現，每件事有優點，一定也有缺點，但人都只想接受好的一面，避開不好的一面。透過正念練習，我們學著去接受一件事本來的樣子。你會知道，一件事情帶給你快樂，同時也可能帶給你考驗。面對這些考驗，練習去接納、改善它。這樣你的心就會越來越開放和寬容。你會喜歡很多事情，因為你除了可以找到享受的點，也有能力包容和改善那些不悅的部分。

放下評判心

正念的態度是不評判，有些學員卻陷入了「評判自己的評判」。一發現自己有評判，就告訴自己：「啊，做錯了，我評判了！怎麼辦？」然後跟我說：「好難受啊，我怕出現問題，怕我做錯了，不夠正念！」這樣的狀態並不是正念課程所教導的。

你知道自己生起很多情緒和想法，沒關係，你願意去經驗它，但同時也可以當一個清楚明白的覺察者，覺察你想法裡的蟲蟲，覺察它們是如何讓你產生恐懼害怕和不舒服的感覺。當你發現自己升起了判斷，這些判斷可能有蟲蟲在裡面，可能有一些扭曲的思考，只是看著它，不用告訴它「這是錯的」，只是看著它來，看著它走，我不再去批評我的判斷。

我願意接納我有評判，包容評判，就算發現可能有蟲蟲在裡面，也只是說：「噢，這是一個蟲蟲的念頭。」只要看到蟲蟲就好，不用覺得它好可怕，一定要把它打死！你現在要做的是觀察自己心念的升起，可能有蟲蟲，可能沒有蟲蟲；可能有正面或負面的情緒，可能有好和壞的評判。就只是觀察、包容跟接納它，但不代表你要被它帶著走。

發現自己有評判心時怎麼辦？前面說過，**能放下就放下，放不下就先放著**。當發現自己有評判，能放下就放下：「我看到了這個念頭，放掉它，不用抓著它，不用聽它的。」有些人會覺得很難，「我也不想抓著它，但好像會黏著它放不下」。

如果現在放不下，那就先放著吧！你願意給它一個空間，覺察你的評判，當你去觀察它，你會發現它起起伏伏、生生滅滅。當你不斷練習全然的覺察，放下評判其實是自然而然的一件事。

當評斷某些人事物不符合我們的價值標準，心會生厭惡和憎恨。以前討厭一個人，那不是我的問題，是對方有問題，這是第一階段「看山是山」；後來發現討厭一個人不是對方的問題，原來是我的問題，這個問題可能是我的想法裡有蟲蟲，這是第二階段「看山不是山」。此時，我們開始看到背後的一些原因，但還是帶著評判的心態，覺得自己想錯了，所以生憎恨和厭惡自己的心，讓自己不快樂。但現在學習正念，要轉到第三階段「看山又是山」，不憎惡自己，也不討厭對方。我們願意放下評判，所以可以不生好惡。

8-3 我有判斷力，也有平等心

接受事實，平等看待每件事

有句英文諺語這樣說：「你有判斷力，但可以不評判。」（You can make judgments without being judgmental.）

「判斷」讓我們知道一件事有好有壞，而「不評判」是指不會對這個好壞生出好惡。我們的心可以包容一切好與壞的存在，不因晴喜雨悲；我們有判斷力，可以判斷現在是晴天或雨天，但情緒不會隨著晴雨而打轉。

正念雖然強調不評判，但絕對是接受事實的。例如你在學校裡考了三十分，那是真的不及格，這是一個事實。但你會不會因為考差了覺得自己很糟糕，討厭自己考這個分數，或覺得三十分太可怕了。正念告訴你不需要這樣，看見事實，接受事實，但不加以評判，所謂「不生好惡」：**我不會因為某個事實特別喜歡或特別討厭它，這就是平等心，故能「榮辱不驚」。受寵受辱都不在乎，不因個人得失而動心，這就是平常心。**

晴喜雨悲是大多數人的通病，身處順境就高興，身處逆境就悲歎，喜怒全被外在刺激操控。有時因某人誇獎一句就志得意滿，因某人貶損我一句就難過怨恨；因為功成名就而得意非凡，一旦退步失敗則如喪考妣。仁人的心志是不以物喜，不以己悲，我們看到事實的真實樣貌，就算事情有好有壞，但不會特別討厭壞的，也不特別喜歡好的，就是用平常心和平等心去看待事實，並且願意為這個事實負責。例如，檢討自己這次為什麼考三十分，然後重新擬定讀書計畫，認真執行。

當你把選擇權拿回自己手上，你就有了力量。你是自由的，不被某種情緒或想法綁架。接受事實，觀察自己，你可以自由選擇要如何回應所處的事實。不生好惡，榮辱不驚，用平常平等的心去看待生活的每一件事，並為自己的人生負責。

我有一個朋友生長在環境很好的家庭，以前他吃飯很挑嘴，食物不新鮮、用料不夠高級都吃得出來。跟他去吃飯，他會批評這個好吃、那個難吃，朋友都不喜歡跟他一起吃飯，因為跟他吃飯壓力很大。但他開始練習正念後，跟他去吃飯，即便他知道這個是高級食材，那個是普通食材，他都用平等心看待。他告訴我：「我知道這些食材的好壞，無論等級高低都用平等心去看待，享受在吃的過程裡，也感恩人家提供食物給我。」有判斷力，知道什麼是好壞，但依舊平等對待，這就是練習正念帶給他的禮物。不論遇到什麼樣的食材，都能包容、都能感恩、都能享受。

放下評判，包容所有可能

有人問，不評判會不會影響我們的批判性思考（Critical thinking）？

其實，批判性思考為的是不讓自己陷入單一思維，能從更多角度看事情，這也是正念所提倡「你有判斷力，但可以不評判」，別讓自己戴上有色眼鏡，只從一個角度看事情，我們想要更自由，從更多角度看待事情，而不是接受事情只有一種觀點。看事情時就是去看有這種可能性，也有那種可能性，用包容接納、好奇開放的態度去看，就會發現原來這個世界上不只有這種和那種可能性，還有第三、四、五種，你的角度會越來越多、越來越全面，那就達到了批判性思考真正的目的。

我非常喜歡一段話：「和諧不是一百個人發出同一種聲音，而是一百個人發出一百種不同的聲音，而他們同時尊重彼此。」當你放下評判的眼鏡去看待世界，會發現原來這個世界是如此豐富，海納百川，有容乃大。你會得到很多力量，像大地一般寬廣。當放下評判，讓自己化成那個無條件的愛時，你會發現你的能量變得很不一樣，然後你可能會經歷一件有趣的事。

以前當你帶著評判的眼光去看待世界，會遭到很多攻擊。例如你沒有故意去惹別人，別人卻做出讓你很不舒服、不喜歡的事，但當我們扭轉心態，戴上愛的眼鏡，無條件的愛自己、接納自己，用同樣的眼光，帶著慈悲溫柔去看待外界，會發現那個攻擊好像在你愛的氣場裡融化了，就像是武俠片裡那些拿刀的人衝到你面前，突然把刀放下來了，我們會活得更平和自在。

8-4 第六週正念練習

這一週要練習「與煩惱和平共處」。當看到煩惱，試著跟它在一起，看看會怎麼樣，這也是一種探索。當情緒刺激太大了，以至於根本理不清背後的念頭是什麼時，也可以先做「與煩惱和平共處」的練習。讓自己能跟這樣的情緒待在一起、接納自己的情緒後，再做「觀聲音和念頭」來拆解，這兩個引導音檔可以交互練習。

與煩惱和平共處

回想一下之前的正念課程，通常在覺察到自己的心飄走時，將自己的心拉回呼吸，不被念頭所牽動。但在第六週的練習裡要學習一個新方法：繼續讓心停留在令自己感到困擾的念頭或感受上，但仍感覺輕鬆自在。邀請你和我一起試試看這樣的練習，正念的與煩惱和平共處。

與煩惱和平共處引導音檔

開始練習：

請找一個舒適安靜的地方，可以坐著或躺著，

現在請輕輕閉上眼睛，做三次深呼吸，吸氣……吐氣……吸氣……吐氣……再一次吸……吐……

如果你現在正被某種困擾或煩惱糾纏，就讓這個煩惱和困擾自然的浮上心頭。如果你現在沒有煩惱，但也想試試這個新方法，可以回想目前生活中有什麼困擾，不要找嚴重的大事，也不要找你現在不願碰觸的心結。可以是一場誤會或爭吵，一個讓你生氣的情況或一些小問題，或是過去的不愉快經驗也行，就讓它自然浮上心頭。

接著，把注意力轉向你的身體，觀察這個令你困擾的念頭或情緒，它在身體上造成什麼感覺。如果你能發現困擾的念頭產生在身體的某個部位，就把你的焦點覺察放在那個部位。它在哪裡？有什麼感受？哪些部位感覺最強烈？

把注意力帶到對煩惱感覺最強烈的身體部位。現在，試著用呼吸來與它和平共處，吸氣時可以觀想，你的氣息流到這個部位，呼氣時可以觀想，這個部位也隨著呼

氣。透過呼吸探索這個部位的感覺，不是要去改變什麼感受，只是去探索和觀察煩惱在身體上的感覺。

繼續呼吸，吸氣，把氣息帶到這個部位，呼氣時把這裡的氣息呼出去，透過呼吸探索這個部位，用寬廣仁慈的心觀察著煩惱在身體中的感覺。

不用試著改變煩惱的感覺，而是友善好奇的探索它，看著這感覺在身體上的變化，默默告訴自己，有這些感覺是OK的，無論是什麼感覺，都可以敞開心胸面對它。你不需要喜歡這煩惱的身體感覺。你不想要這種感覺也是很正常自然的現象。告訴自己，我接受自己不喜歡這種感覺，不過我將敞開心胸，看看它到底是什麼樣子。持續關照煩惱在身體上的感覺，和它一起呼吸。無論感覺有沒有變化都順其自然，與你如實的呈現，不喜歡它不是個問題。只要敞開心胸，看看它到底是什麼樣。

繼續呼吸，與煩惱一起呼吸，讓煩惱與困擾出現在此時此刻的生命，不執著，不抗拒。

你是你，煩惱是煩惱。你不是煩惱，煩惱也不是你。只是跟它一起呼吸，看它自然出現與消失。回到全身的呼吸，感受此時此刻清醒覺察的力量，安住在心靈的清靜寬廣當中。

正念體操

正念體操
引導影片

影片中的正念體操，擷取自葛吉夫神聖舞蹈（Gurdjieff Movement）的部分動作。葛吉夫神聖舞蹈是彙集自亞洲的古老寺廟之舞，做為「觀察自己」和「研究自己」的修行。透過拆解慣性的活動方式，讓心理回歸身體，不胡思亂想，不強力控制，而是提升參與者更高一層的意識與覺察，舞蹈本身即為身心合一的正念。

正念體操的參與者必須全神貫注在行動中，整合頭腦、身體與情緒。在當中不斷練習意識自己的動作和想法，開始更加察覺到自己內在運作的過程。這個舞蹈像一面鏡子，動作錯了時，可能會皺眉、或不好意思的發笑掩飾、或嘖一聲責怪自己……練習照見自己的一切反應，練習察覺內在的能量。所有掩飾、所有表情都是無謂的能量浪費。在每一個動作的當下，你要把所有外散的能量收攝，歸於中心，目光焦點不落在外，因而做正念體操時會面無表情。

跳的時候，如果頭腦一直想控制身體是無法協調的，要放空、放鬆才能跳下去。放下用腦袋控制身體的習性，來到帶著覺知卻不控制的狀態，雖然不控制，但也不能全程放空。你只要一飄走，動作就會亂，或是你發現自己動作都對了，一得意，就立刻手忙腳亂。你要同時保持專注覺察，在某一些拍點上檢查和修正自己的動作。

例如影片中的第一個動作：左手跟右手在第一拍時往同一個方向開始，因為右手兩拍一循環，左手三拍一循環，三跟二的最小公倍數就是是六。所以在經歷了第二三四五拍不同方向的左右出擊後，左手和右手最終會在第六拍時往同一方向結束。你的頭腦在第一拍時去檢查左右肢體是否往同一方向，接下來第二三四五拍就要放空，如果這時你仍想用頭腦去控制兩邊，會發現左右肢體無法協調，必須等到第六拍時，頭腦再進來檢查左右肢體是否往同一方向結束。

這是一段放空放鬆和專注覺察交互替換的過程，大家可以記住影片的動作，然後不看影片重複做。正念體操每天可以做十分鐘，想做更長時間也可以，對練習放鬆和覺察並存的狀態會很有幫助。

8-5 第六週作業

每日練習「與煩惱和平共處」音檔

與煩惱和平共處引導音檔

寫下你做「與煩惱和平共處」的體驗心得：

繼續練習寫「正念觀蟲日記」與聆聽「觀聲音和念頭」音檔

觀聲音和念頭
引導音檔

以上兩個作業可以交互練習，一天練習「與煩惱和平共處」，一天練習寫「正念觀蟲日記」與聆聽「觀聲音和念頭」。

正念觀蟲日記

日期：____年____月____日	記錄內容
第一、今天我遇到的心情事件是什麼？	
第二、那時我的感受，想法和反應是什麼？	
第三、蟲蟲躲在哪裡？	
第四、正念練習後，我的新選擇（回應）是什麼？	

每日練習十分鐘「正念體操」

正念體操
引導影片

寫下你做「正念體操」的體驗心得：

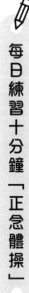

Q&A 8-6

關於「與煩惱和平共處」

Q：練習「與煩惱和平共處」時，為什麼每個人都有各式各樣不同的感覺？

A：「觀煩惱時很舒服，這樣是正常的？」

「觀煩惱時我好煩躁，怎麼辦？」

「觀煩惱時好想哭，每次觀煩惱就哭，怎麼辦？」

「觀煩惱之後，遇到很多煩惱都沒感覺怎麼辦？」

「我本來沒有很煩惱的，但觀煩惱時會有一堆煩惱，我覺得我的煩惱有爆炸式的增長？」

大家在練習「與煩惱和平共處」時，每個人的感覺都不一樣，這都是練習的過程，練習過程是會變化的！我們能做的就是去觀察它變化的本質。

有些人感覺舒服，有些人感覺不舒服，都可以觀察它。也許你會發現，昨天是舒服的，今天是不舒服的，或昨天還覺得我的煩惱爆炸式增長，怎麼今天變得沒感覺。你會發現它一直在變化，而我們能做的就是當一個覺察者和一個支持者：敞開心胸去觀察煩惱的變化，並且給予自己支援和放鬆。

Q：找新回應會想解決之道，這是不是變相拒絕接受當下的情緒？

A：人的本性是當碰到問題、看到情緒，第一個反應通常是抗拒，如：我不要在這裡、要趕快從這個問題裡跳出來、要趕快去找解決方法……但如果想找到真正的解決之道，應該是去接受當下的問題與當下的情緒。

接受當下產生的解決之道和不能接受當下產生的辦法，兩者絕對不一樣。我的爸爸年輕時去溪裡游泳，溪裡有一個漩渦，爸爸不小心掉進去了，他說他越掙扎這個漩渦就把他拉得越深，無論怎麼努力，腳好像一直被往下拽。這時候他想起來他的父親說過，遇到漩渦時要冷靜，順著漩渦的離心力，奮力一游就能脫身。爸爸就照做，他放鬆自己，保持冷靜，讓這個漩渦帶著他，不再掙扎，順勢而為，順著水流的方向，借助水流的力道從漩渦切邊游出去，就順利脫離險境了。

當我們不能接受當下的情況，會想許多辦法，想趕快脫離。這些辦法都是用頭腦想出來的，但通常也不太能真正解決事情，我們仍會覺得困擾。可能大家練習到一個階段，知道我要接受它，即使很痛苦還是進去，「我忍個十秒，想到解決方法了，我可以出來了吧！」

真正的接納是與它和平共處，而不是一直想著怎樣擺脫它，這不是「接納」，而是「忍耐」。

當我們如實的去覺察，嘗試跟它在一起。一開始可能在一起十秒，你覺得受不了就退出來，也沒關係。我們可以給自己多一點慈悲和耐心，回到呼吸裡的安定寧靜，安住在呼吸裡去覺察它，跟它在一起久一點，再久一點，慢慢的，你發現好像也還可以，你是有空間能跟它待在一起的。這是一個過程，當你能真正去接納它時，解決之道就不是用想出來的。

當我們能夠全然跟它在一起，解決之道會自然的顯現。不是硬用腦子去「想」出來，而是自然而然就在那裡，只是因為我們急著往外看、想跳出去，所以沒看見解決之道就在那裡。在正念練習裡有許多頓悟的例子，當你全然去接受，上天就為你打開一道門，那個想法不是你自己苦思出來的，但絕對是最棒的解決之道，比你自己硬想更有效。所以我們一天一天、一點一點的練習接納，最棒的解決之道就會跑出來，請你信任自己，也信任生命。

Q：雖然我能理解接納，但要做到好難，就好比昨天醫生告訴我病情加重，需要增加藥量，我真的好難過！還有接納一個不喜歡的人好難，怎麼辦？

A：的確，接納不是一件容易的事。

你可能現在還不能接納病情，那就請你接納自己可以傷心難過，你願意和你的傷心難過待在一起，但同時也願意給予自己很多愛和支持，也可以邀請你的朋友家人一起關愛你、支持你。當你裡面有更多能量，就比較容易去接納外面發生的事。

很難接納自己不喜歡的人，是因為大多數時候我們無法接納自己。每個人都有內在的黑暗面，它就像影子一樣跟著我們，分析心理學稱之為陰影（shadow）。

通常我們會特別討厭一個人不外乎三種狀況。第一種狀況是這人身上的特質自己也有，但自己不喜歡；第二種狀況是我想要擁有對方身上的特質，卻是我所缺少的；第三種情況是這個人恰好和我童年經驗中讓我感覺受傷的人（通常是我們的照顧者，也就是父母）有類似特質。

當你發現原來討厭別人是自己內在陰影的投射，就會把焦點由外轉向內，對自己有更多覺察，給予自己更多包容和接納，慢慢的，你就會發現陰影不再作怪。

我以前很不喜歡不獨立的人，後來學習了心理學，才開始理解原來這是我內在的陰影。它對應的是第二種狀況，這種特質是我沒有的，而我希望能夠得到。因為我從小就被要求獨立，不能撒嬌耍賴。身為家中的長女，我的角色是要去照顧別人。所以當我看到同輩中有不獨立的人，就會產生一股莫名的火氣。後來我了解、覺察了，我可以允許自己不獨立，有時可以撒個嬌、使使性子。

當我發現我給予自己更多包容和接納，憤怒就減低了。要先接納自己，才能接納別人，我想告訴你，好好愛自己，生命會露出曙光。

Q：我以前是個對自己有很多不滿的人，充滿恐懼焦慮。想減肥，想學英語，想做很多事好擺脫現狀。可是自從學習接納現狀後，我感覺沒有之前那麼多焦慮了。不再刻意減肥，而是讓自己自信，告訴自己現在就挺好的，也不再克制食欲，得失心減弱很多。但隨之而來的是我發現自己好像沒什麼目標，想學習、改變的那股勁淡了好多。我不知道為什麼接納現狀後，感覺自己變慢了，會不會就這樣一直安於現狀了呢？

A：人通常被兩種趨力一推一拉，一是恐懼，一是欲望。還有一種力量凌駕其上，利己利他，那就是愛。

內在成長是階段性的，你現在可以不被恐懼和欲望追趕，安住在當下的狀態中，其實非常棒。允許自己休息一陣子，允許自己安於現狀，繼續練習正念，你會發現你又想要做些事情了，這些事並不是出於原始的欲望或恐懼，而是出於更高更大的力量，那就是愛，也就是慈悲心。

你可能因為想更愛惜自己的身體，所以吃得健康，去運動，自然變瘦了。當你越來越成長，會看見還可以再多愛一些，對自己、對別人、對眾生萬物，動力會比原本更久遠更深厚，你將會成就更大更美的事。

你會知道因為愛要去做些什麼，你會看到人生的使命，那叫作天職（calling），這個英文單字非常有趣，彷彿是老天打電話給你，告訴你要完成什麼。在看到自己的calling前，就像面前有張嶄新潔白的紙，在這張白紙上要畫出什麼樣的人生？可能你現在還不清楚，還在探索、等待，都沒有關係。再怎麼樣厲害的畫家都是一筆一筆才把畫完成，一筆一筆就是生活中的小事。享受在當下的每一刻，體驗當下的每一刻，專心把當下的每一件小事做好，你會發現它如此奇妙。

一花一世界，一沙一天堂。我們的眼睛總是想著外頭的大事，常常忘了眼前的小事，這些小事當中蘊含著最深的智慧，最大的奇蹟。

所以如果你不知道要追求什麼，就請你先把眼前的每一件小事做好，生命的道路就會自然而然在你面前展開，你會知道自己要往哪裡去，你的calling被發現的瞬間，其實就在於你認真對待和體驗生命的那個當下。

Q：我知道了自己的情緒，並且知道有這個情緒的原因，但這件事我不知道怎麼解決，所以情緒一直都在，即使當時忘記了，其實還是存在，怎麼辦？

A：有些目前還無法解決的事情，可能一開始跟它在一起時會很難受，情緒還是會出現波動，但可以嘗試用呼吸先放鬆自己緊繃的心和身體，告訴自己，我是可以的，試著讓自己慢慢放鬆。你會發現你好像變柔軟、也變開闊了，你的世界能夠容納這個不能解決的事情存在，而不再感到那麼不舒服。逐漸的，你就可以學習怎麼跟自己的煩惱和平共處，用接納包容的心和它在一起。

生命有時候很奇妙，有時急著要解決一件事情，會產生情緒，焦慮、憤怒、害怕，自己也很討厭這種感覺，總想趕快從裡面跳出來，但當真的允許這件事在生命中發生，允許自己有情緒，並且放鬆自己，去包容這件事，也包容自己的情緒，你會發現這個情緒好像就沒那麼作怪了。當你的情緒可以慢慢平靜，你才發現原本無路可走、找不到解決辦法的事，突然撥雲見霧。雲霧散了，你就看見那條路原來在那裡，當你急著要去找的時候反而找不到。

所以，用放鬆、包容、接納的心去對待你那些還在的情緒，去對待那些你覺得無法解決的事，也許就會發現事情改變了，這些改變不單是你人為努力就能成事的，還得依循上天擺在你面前的自然之道。**活在接納中，你的路就開了。**

第九章

正念處理人際關係

9-1 五種常見的人際溝通慣性反應

有許多人詢問我該如何改善人際關係。人際關係的範疇包括朋友、情侶、夫妻、父母、同事等，大家想一下，在與他人溝通時，是否會出現以下常見的「慣性反應」。

一、逃避

當對方釋放的訊息讓我們感到威脅，如抱怨或生氣，我們的反應通常是趕快躲開，走為上策！這就是「逃避」。我不想跟你正面衝突，跟你溝通可能會被攻擊，所以就直接拒絕溝通。

二、投降

在有受害者心態的人身上會看到「投降」的反應：「反正都是你對」、「我很可憐，對方老是欺負我，我只能默默忍受」、「就算內心覺得對方無理取鬧，我也不會講」……對於對方的要求一味忍耐屈服。

三、抵抗

「抵抗」通常是你講我一句，我就跳起來自我辯護：「才不是這樣的，你亂說」、「沒有這種事，是你胡思亂想」……你會防守對方的攻擊，捍衛自己的權益。

四、反擊

「反擊」就是你說我不好，你更糟糕，你給我一拳，我回你一掌；你要跟我翻舊帳，要翻大家來翻，你更差勁。

五、攻擊

「攻擊」指的是帶著憤怒溝通，說出來的是充滿控制和指責的言語：「你真笨！」、「你為什麼不這樣？」、「你應該要這樣！」、「你怎麼可以那樣？」……

9-2 正念溝通，先跟後帶

大家有沒有聽過「合氣道」？合氣道被稱為武太極，也是一種動禪，強調「靜定」及「身心統一」。依力學原理，利用離心與向心的旋轉，配合對方的攻勢，四兩撥千金的制伏對方。動作柔和優雅，精神是不爭不鬥，後發先至、轉守為攻，是其技法最具特色的地方。

合氣道不論摔、扭、化都以圓的運轉為主，練習合氣道的人面對攻擊，通常會先抓住對方的手腕，轉到跟攻擊者同一方向，不正面對抗，而是先跟攻擊者合而為一，使敵人無法攻擊自己。由於自己和對方的力量合而為一，便能借力使力的以雙倍力量，帶著對方轉到地上制伏。我們現在要學習正念溝通，原則其實就像合氣道的「先跟後帶」。

先跟後帶招式一：正念聆聽

「正念聆聽」意指不帶判斷、全心全意的專注在當下，聽對方說話。現代社會一心多用是常見現象，我們都是邊玩手機、邊聽人說話；邊聽音樂、邊聽人說話；邊看電視、邊聽人說話。除此之外，當我們聽別人講話時，腦子裡不停有判斷的聲音冒出來：「他講得對」「他講得不好」「他講這一點我贊同」「他講那一點我不贊同」。我們現在要試試正念聆聽，全心全意、專注的聽對方講話，不要馬上去評斷講的對還是錯，就是先耐心聽他把話講完。

台積電董事長張忠謀在歸納成功之道時，指出了傾聽的力量：「常常有人問我成功的原因為何，我想我『收訊』的能力已經培養了很多年。」張忠謀在溝通中會觀察對方：「第一點，看我講話時，他會不會打斷我？打斷別人說話既不禮貌也對自己不利，因為他打斷我，以為知道我接著要講什麼，可是九成都猜錯。」

我們要學習正念的聆聽，也許你聽完後才會發現對方到底要表達什麼，究竟感覺到什麼情緒，對方的需求是什麼。當我們帶著評判去聽對方講話，對方真正的需要、真實的情緒是「收訊」不到的，因為我們已經先入為主的強加自己的解釋，這些有可能都是偏見，所以要先練習正念聆聽。

先跟後帶招式二：同理連結

通常聽到一些不想聽的話時，很快就會進入自動導航模式：感到憤怒害怕或煩躁難過，所以就會進入慣性反應，投降、抵抗、逃避、攻擊或反擊。因此，保持一顆覺察的心很重要。當我們保持對自我的覺察，對自己的狀態是清醒的，我們會知道：現在可能即將要落入慣性反應。

在這個時候，可以做一個舉動脫離原本的慣性模式。告訴自己，深呼吸，慢慢放鬆，從 focus in，把焦點擺在自己，跳轉到 focus out，把焦點擺在對方。我知道我的情緒和想法，現在我願意去感覺對方的情緒，了解對方的想法。當你 focus out 去同理連結他人時，較不易陷入自己的情緒化反應，更能做出理性的回應。

「同理連結」的意思是，我看見你了，我聽見你了，我察覺到你真實的狀態是什麼，看到你想要的是什麼，也感覺到你的情緒是什麼。這是一種與對方「共情」的狀態，你真的能夠體會對方的感覺、情緒，看見對方的需要，你會發現你好像也比較容易接納對方，化敵為友。

記得告訴對方你的理解與包容，例如「我知道你在生氣，我知道你很難過，真抱歉讓你有這種感覺」。對方的自我防衛也會軟化，彼此對立的情況就扭轉了。在本週

「慈悲心的練習」中，當你發現很難給討厭的人祝福時，也許可以試著先同理共情對方的感覺，可能會看到更多事情的全貌，也比較容易給予對方慈心的祝福。

先跟後帶招式三：只講事實與感受的「我」語句

在跟對方在溝通時，試著只陳述事實與自我感受就好。例如，一對夫妻在一個星期前約好去看電影，結果老婆到電影院等老公，左等右等，發現老公沒有來。此時老婆就火冒三丈，打電話去，老公說：「我忘記了，我在加班。」回家後，老婆跟老公說：「你從來沒有把我放在心上，每次你都這樣，你一點都不尊重我。一個星期前就跟約了你還這樣，你根本不愛我。」這是很多人平常慣用的溝通語句，可以聽到有很多「你」的語句在裡頭。

現在，要改成只講事實跟自我感受。

首先，不加批判的陳述事實：「我昨天在電影院等你，我們一個星期前就約好了，但是你忘記了。」

接下來，只講感受的「我」語句，用「我」來開頭：「我覺得有被冷落的感覺，我覺得不夠被尊重。」

發現「你」語句與「我」語句之間的差異了嗎？當我們帶著指責說「你」時，會引發對方的防衛機制，關上心門不願體會我們的感覺，彼此之間就失去連結。所以更好的溝通語句是用「我」開頭，把自我感受講出來，不指責對方。

先跟後帶招式四：創造共識

在你與對方之間創造一個不壓迫的心理空間，讓你們可以在當中一起商量。在你進行正念聆聽、同理連結，講了事實和自我感受後，要邀請對方共同創造一個你們都願意Say Yes的方案，你可以說出你的需要，然後看看對方怎麼回應。

例如，「我真的很重視和關心我們兩個之間的關係，所以才希望有固定時間可以一起去約會看電影，不然我們來想一個你我都OK的方案，你覺得如何？」也許在約會前一天，老婆會提醒老公，如果雙方當天工作走不開，也要安排其他時間補回兩人的約會。

要創造共識，先試著把球丟給對方，不要搶先說自己的方案，不要強迫對方接受你的想法。讓他先提出他的想法，這樣做其實是善意的回應對方，並且讓對方更有動力去做出承諾和行動，更願意去執行他自己提的方案，而非你強加給他的方案，最後才比較容易達到共識。

正念溝通日記

日期：＿＿年＿＿月＿＿日	每日記錄
1. 今天讓我感到壓力或困難的溝通情況是什麼？	
2. 我真正想要的是什麼？我實際得到的是什麼？我的感受是什麼？	
3. 對方真正想要的是什麼？對方實際上得到的是什麼？對方可能的感受是什麼？	
4. 在此關係中，我的慣性溝通反應是什麼？若是正念溝通，我的新選擇（回應）是什麼？	

我們這週要練習寫「正念溝通日記」，寫的時候請特別注意，在你與對方的關係中，你的慣性溝通反應是什麼？是否常出現逃避、投降、抵抗、反擊或攻擊的反應？學習了「先跟後帶」的正念溝通後，你會以什麼新選擇去回應對方？

試著在下次溝通時使出四大招式：正念聆聽、同理連結、只講事實與感受的「我」語句、創造共識。持續練習，每日記錄，靜觀其變。每天我們都會與人接觸，都有機會練習正念的溝通。記得用表格記錄下來，並且觀察自己日記內容出現的變化。

9-3 做自己最好的朋友

人是社會性的動物，我們需要有人陪伴、有人了解、有人支持，但其實跟我們最親密的不是別人，而是自己。除了家人和朋友，你是自己的陪伴者、了解者、支持者嗎？當遇到困難時，你如何安慰自己？會用什麼方式愛自己？

與自己同在

自己是自己最好的朋友，只是大多數人都忽略了這點。對朋友，我們通常很自然的會給予支持和鼓勵。若朋友說：「我今天穿這件看起來很胖。」我們會回：「哪有，我覺得很可愛。」或朋友說：「我考不好，覺得自己很笨。」我們會回：「但你運動很好，我很羨慕你。」

但通常對自己就不是這樣，我們對自己有很多批判，覺得自己很胖，長得不好看，覺得自己失敗了很糟糕。給自己貼標籤，誇大錯誤、貶低優點。如果我們可以把對朋友的慈悲心也拿來對自己，會活得更快樂、更有力量。在正念課程裡，我們學習認識自己，覺察自己的情緒，好好跟自己在一起，並且給予自己關懷和愛。

人常常落入一種情境，不想感受負面情緒，總是想逃開或抵抗，無法靜定的給予自己足夠的覺察和支援，不願經驗痛苦卻又無力擺脫。

在正念覺察的過程中，自己同時會扮演兩個角色：一個是經驗者，一個是觀察者。我們練習逐漸深入經驗當下不舒服的感覺，並不抵擋或逃走，願意面對它，經驗它、接納它。與此同時仍保有一顆平靜心，給這個受傷的自己全然的關注和愛，讓自己有能量去轉化和改變。

一方面深刻的去經驗當下的感覺和情緒，另一方面成為自己的觀察者和支持者，在正念的狀態裡平和溫柔的覺察自己，給予自己關心和愛。

希望每個人都可以真實的進入感覺，和感覺待在一起，願意覺察自我當下的狀態，給予自己支援，愛和鼓勵。**在正念的覺察裡，溫柔平靜的觀察自我的變化，與自己同在，並且用慈悲的心支持自己。**

無條件接納自己本來的樣子

人的意識有不同層次，現在你正在看這本書，看書的意識是表意識，再往下有所謂的潛意識，又稱無意識。人很多行為都被潛意識影響，如果不深入探究，其實是不自覺的，就像前文提到的蟲蟲，如果沒有仔細去分辨是不知道的。在潛意識裡，它形成我們的思維模式，以至於在表意識上，在生活中都不覺得有問題。直到我們知道原來潛意識裡有些蟲蟲，看到以後就有了選擇，可以選擇不再被它牽著走。

進入到最深的層次，即是所謂的純粹意識，它是一種靈性的存在。你和天地宇宙萬物都是一體的，天人合一。這個純粹意識就是最原始的一個狀態，我們在最原始的時候就是天人合一的狀態。純粹的意識其實是真正的「初心」，當我們無法覺知初心，與之連結，我們的意識就會產生很多分裂的信念，這些信念存在的地方很深，除非有所醒覺，發現到原來已經跟初心分離了，不然我們一般都不會意識到。這些分離通常顯示在一些信念上，這些信念就是一種有條件的愛。舉例而言，除非我做到什麼事，不然沒有人會愛我，不然我就不重要，不然我就是個沒有資格被愛的人！

剛出生的嬰兒想哭就哭，想笑就笑，不會在乎如果哭媽媽會不高興，如果笑奶奶會很開心。嬰兒不會管這些，他們的安全感也是最大的，張嘴就有奶喝。因為我沒有做到什麼事，所以沒有資格喝到奶。嬰兒的大腦絕不會有這種想法，他是純粹的，保有初心，活在無條件的愛當中。我們一天天長大，進入大人的世界，覺得要努力做些什麼，才有得到愛的價值。我們發現無條件的被愛與無條件的愛人實在是太困難了，因為這個世界不是這樣運作的。

以前沒有學習正念時，為了保護自己，使用分裂的信念讓你可以活下去，就像自動化導航模式作出反應。但學習正念後，你和以前不同了，你知道你在分裂的世界生活，但用的是合一的心，比這個世界的規則更大、更高、更廣。

在分裂的世界裡沒有人是完美的，但在合一的心靈裡，每個人都是完美的。你知道你本來就值得被愛，本來就有資格、有價值，不因為你做了什麼，而是因為你本來就是，我們也願意用這樣的心態去看待身旁的人事物。雖然我們處在一個有條件的世界裡，每天的工作還是要達到公司的ＫＰＩ，但我們的心無條件的接納自己本來的樣子。在人生這場戲中把自己當成演員，演員有兩個自我，一是劇本上的角色，一是真正的自己。你懂得如何把角色扮演好，也知道自己是誰，不會被角色拐跑。

在人際關係的成長階段上，初始是看山是山。我們動機單純，給予信任，就像孩子保有初心，無條件的接納與愛他人。然後我們長大了，遇到明爭暗鬥，可能經歷過痛苦的時光，所以開始懂得保護自己。我們看山不是山，學會看人不能只看表面，要看背後的意圖，我們開始有條件的去對別人。

但是學習正念後，我們的心靈逐漸成熟，進入另外一個境界，那是看山又是山。

堅強勇敢的保護自己，溫柔慈悲的對待他人。我們可以像初始一樣，以無條件的愛對己待人，但不再懵懂無知，而是懷抱智慧之心。帶著一份明白，帶著一份了解，仁愛胸懷變得更廣更大。你知道自己活在一個分裂的世界，但仍願意帶著合一的信念過活。人家攻擊你，我們不見得要反擊，可以四兩撥千金，用智慧心來回應，讓你好我也好，就像是前面教的正念溝通招式，這是一種學習，也是一種成長。

9-4 第七週正念練習

愛因斯坦說：「人是『宇宙』整體的一部分，也是有限時間和空間的一部分。他將自己的思想和感情，視為獨立於整體之外——這是一種意識的錯覺。這錯覺是座監獄，把我們監禁在個人欲望和少數最親近的人身上。我們的任務就是要拓展慈悲心，擁抱所有的生靈和整體自然的美，以掙脫這座監獄。」

在「慈悲心的練習」中，我們給予慈悲祝福的不只自己和身旁的人，還擴展到眾生，甚至地球、月亮、太陽、星星，都可以給予慈悲的祝福，因為你要知道我們全都是一體的，是宇宙整體的一部分。如果只看自己或親近的人，覺得其他人跟我們無關，這是一種錯覺。每個生命都環環相扣，因此當我們發送慈悲心祝福時，是發送給自己跟所有人、所有生靈。

慈悲心的練習

在慈悲心的練習中，要培養對自己和他人的友善和包容。「慈悲心的練習」就是幫助我們能夠接納自己，並把這樣的接納跟愛，擴展到其他人身上。

其實，每個人無論外表看起來多堅強，或多或少內心都會經歷焦慮、恐懼或害怕無助，這個慈悲心的練習就是幫助我們看見自己和對方的需要，把祝福送給自己，也把祝福送給別人，幫助我們可以用不批判的心，完整的活在當下；用包容的心去品嘗和體驗生活當中的一切。

在生活中常常碰到很多事不盡如人意，我們通常都用逃避或抵抗的態度去面對負面的感覺。當我們擁有慈悲的心，願意接納和包容生活的一切，才能真正活在當下，不逃避、不抵抗。

當我們擁有慈悲包容的態度，你會發現，看似不如意的事情其實是一個祝福，它幫助我們變得更有力量，更成熟。不要讓過去的經驗決定你的態度，而是要用你的態度重新定義過去的經驗，把詛咒化成祝福，讓我們一起來練習吧！

慈悲心的練習
引導音檔

開始練習：

請找一個舒適安靜的地方，可以坐著或躺著，讓自己處在放鬆的環境裡。

輕輕閉上眼睛，做三次深呼吸，吸氣……吐氣……吸氣……吐氣……再一次吸……吐……讓自己的身心完全安住在呼吸中，平靜和諧。

現在請對自己說：願我健康快樂，身心安定。

慢慢的說一次。

認真的說一次。

放鬆的說一次。

每說完一句，就觀察自己的身體和心理的反應。無論身心有什麼反應，接納這些感受的出現。

請你回想一下過去，一段你曾經感覺被愛的時刻，可能是你的家人、朋友給你的關懷和照顧，甚至可能是寵物，或一個陌生人的友善回應。當你感受到愛，就把他們給你的愛傳遞給自己。繼續練習給自己慈悲，請對自己說，願我健康平安快樂，願我身心輕盈安定。

接著，挑選一位親近的人，也許是家人和朋友，請用同樣的方法祝福他，在心裡對他說：願你遠離痛苦，願我健康平安快樂，願我身心輕盈安定。

接下來，要挑選一個陌生人做練習。可能是你每天出門路上會碰到的人，你不知道他的名字。他和你一樣，生活中也充滿各式各樣的情感，有快樂歡喜，也有害怕悲傷、辛苦疲憊的時候。如果你願意，請在心中祝福這位陌生人。在心裡對他說：願你遠離痛苦，願你遠離痛苦，願你身心健康，願你平安快樂。

接下來，如果你願意，再挑戰更進一步的練習。請挑選一位你覺得不太好相處的人，無論選的是誰，他和你一樣，也渴望快樂幸福。默默的祝福他：願你遠離痛苦，願你身心健康，願你平安快樂。

如果你發現自己說完後，還沒辦法對他產生友善的感覺。別擔心，有這份心意已經足夠了。

繼續擴展慈悲的力量，把這份慈悲心傳送到天地之間。所有的生命、花草樹木、蟲鳥魚獸，也包含了所有人類和你自己，請你在心裡發送祝福，願所有生命遠離痛苦，平安快樂。

當你對宇宙發出慈悲心，你也同樣會發現，宇宙也以慈愛賜予你陽光、空氣、雨水，宇宙沒有缺少過對你的愛。用感恩的心，感謝這一切，用慈悲的心去關懷更多生命。感謝自己的呼吸，活在當下，完整的與天地宇宙同在，珍惜自己生命的圓滿俱足。

擁抱內在小孩

特別說明，如果你覺得「慈悲心的練習」一時難以做到，可以先練習「擁抱內在小孩」。我要邀請你學習讓自己行使無條件的愛，這份愛不只是對待所愛的人，更重要的是對待自己。

很多人會問：「到底怎樣才能愛自己？」其實每個人的內在都住著一個小孩，這個小孩就是童年的你。人從呱呱墜地開始，就面臨一連串外在環境的挑戰，有時候我們還沒有長大，卻被逼著長大，很快就開始當一個大人。但其實在你的內心深處，那個童年的自己非常需要呵護與愛。

當內在小孩得不到愛，就會退縮到內心深處的角落。外在是一個堅強剛毅的大人，卻可能不懂怎麼愛自己，因為我們忘了給內在的小孩愛。給自己愛是一個想法，也是一個行動。你可以去探望你的內在小孩，好好跟你的內在小孩在一起，他需要愛，需要有人抱抱，幫助他放掉受傷情緒和自我批評。所以，今天讓我們找回內在小孩，重新好好愛他，學會真正的愛自己。

擁抱內在小孩
引導音檔

開始練習：

請找一個舒適安靜的地方，可以坐著或躺著。閉上雙眼，開始做三次深呼吸。當你每一次吸氣，每一次呼氣，整個身體都感覺越來越放鬆。持續呼吸，越來越放鬆，繼續保持輕鬆緩慢的呼吸。

在這個你感到非常舒適安全的地方，請想像有一股暖流，從你的頭頂開始緩緩流下，讓你的每一寸肌膚和細胞都愈來愈放鬆。輕輕的、鬆鬆的、軟軟的，放鬆你的前額，放鬆你的臉頰，放鬆你的下巴。你整個頭部都完全放鬆下來，腦中的神經也完全放鬆。你的頭腦一片空白，只覺得好溫暖，好平靜、好舒服。

繼續讓這股暖流流到你的前胸，後背，流進你的內臟，流進你的雙臂，整個上半身完全的放鬆下來。放鬆你的腰部，放鬆你的骨盆，放鬆你的大腿、膝蓋、小腿，整個下半身完全放鬆下來。輕輕的、鬆鬆的、軟軟的，舒服又溫暖，全身都放鬆下來了。

現在，請你回想一個曾經深深感覺到被愛的時刻。那個場景是什麼樣子？誰和你在一起？你們在做些什麼呢？也許你回想起的是你的家人、朋友，又或許是不認識的陌生人，他們給你的微笑和鼓勵，那都是愛，你是深深被愛著的。

現在，有個孩子出現在你面前，這個孩子是童年的你。請你走向他，張開手擁抱他，告訴他，我在這裡。

請你給這個孩子無條件的接納和愛，無論他的外表如何，成績如何，品性如何，這些都不重要，唯一重要的是你愛他。

這個孩子如果受過傷害，請你耐心、溫柔的抱著他，輕輕撫摸他的背，告訴他「我愛你」。溫柔的、輕輕的，單純的給他好多好多愛。你可能會發現這個被逼著長大的孩子，這個受過傷害的孩子，他僵硬的小身體在你的懷中放鬆下來了。他可能會嗚咽的哭著，要你哄哄他。請你抱著他，輕輕對他說：「有我在，一切會越來越好的。」

現在好好享受和他在一起的感覺，你們已經失散了好久好久，他是你內在的小孩，是童年的你。

你現在是個大人，你成熟了，你有能力、有力量去保護這個孩子。請你輕輕抱著這個孩子，溫柔的對他說：「我在這裡，我可以保護你，我有能力，我有力量，我會好好愛你，一切都會越來越好的。」

孩子的臉上充滿了開心和愉悅，他好感動，你終於看見他了，你終於找回他了，你們要永遠在一起，永遠不分離。享受和他之間愛的交流，你會一直和他在一起，你就是他，他就是你。

現在我們要讓內在小孩回去睡覺了，你可以跟他擁抱道別，下一次當你想要找他時，只需要閉上雙眼，放鬆呼吸，把心打開，你就能夠再次見到他。

孩子現在跟你揮手道別，轉身走回內心深處了。他不再害怕，不再孤單，因為他知道，你會好好愛他，你會永遠永遠跟他在一起。

9-5 第七週作業

每日聆聽「慈悲心的練習」與「擁抱內在小孩」音檔

「慈悲心的練習」與「擁抱內在小孩」也可以交互練習，一天聽「慈悲心的練習」，一天聽「擁抱內在小孩」。

慈悲心的練習
引導音檔

擁抱內在小孩
引導音檔

正念溝通日記

日期：____年____月____日	每日記錄
1. 今天讓我感到壓力或困難的溝通情況是什麼？	
2. 我真正想要的是什麼？我實際得到的是什麼？我的感受是什麼？	
3. 對方真正想要的是什麼？對方實際上得到的是什麼？對方可能的感受是什麼？	
4. 在此關係中，我的慣性溝通反應是什麼？若是正念溝通，我的新選擇（回應）是什麼？	

每日寫「正念溝通日記」

寫下你做「慈悲心的練習」與「擁抱內在小孩」的體驗心得：

9-6 Q&A

關於「慈悲心的練習」

Q：做「慈悲心的練習」時，無法真正感受到自己對別人的寬容和愛，彷彿只是重複做練習，怎麼辦？

A：請大家把十隻手指伸出來，數算一下今天的恩典，也就是一天中值得感恩的十件事。算完一件事，一隻手指頭就收起來。仔細想想，你今天一定有可以感恩的十件事。

上班有公車司機為我們開車，打開水龍頭就有乾淨的水，有快遞大哥為我們送東西，有老師在課堂上孜孜不倦教育我們，有爸媽健在能聽他們嘮叨關心，還有陽光和空氣都是大自然的給予……一切為你所做的服務與付出都值得被感謝，原來我們一天就可以感謝這麼多人事物。

只要願意去數算每天接受的恩典，愛是流動的，就像一個通道，今天愛的通道接到你身上，有這麼多人給你服務、給你愛。這些都值得感恩，請把這些你感覺到的愛傳給別人。

每天在做慈悲心練習前先感恩十件事，你會發現原來在你的口袋裡裝著別人這麼多的愛，要把收集的愛也發送給其他人，透過慈悲心的祝福把愛傳出去。

Q：做「慈悲心的練習」時，要祝福那些傷害自己的人好難，我真的不想跟找我麻煩的人和好，這樣是不慈悲嗎？

A：當你發現做不到，就如實去覺察你做不到，但不要緊緊抓住「做不到」。就是去覺察自己：我知道現在有個狀況，發現我做不到給討厭的人祝福，慢慢來沒關係。就是去覺察做不到的感覺，然後記得給生起這感覺的自己慈悲心的祝福，給自己愛。

你還可以再往下探索，那個做不到的背後是什麼？那個做不到的背後除了討厭，是不是還有恐懼、受傷的感覺？你可能發現討厭的背後還有好多情緒，你就是去覺察它，並且給予那樣子的情緒支持和慈悲。

在此做個不同概念的澄清，饒恕（forgiveness）跟和好（reconciliation）是兩回事：**饒恕是心理上願意放下對這個人、這件事的負面情緒；和好則是關係上願意再度跟對方連結。**我的研究發現，如果只是和好但沒有饒恕，會比不和好、不饒恕更不健康。健康的狀態是願意饒恕對方，放掉這些人事物引發的負面情緒，但要不要和好，就看你願不願意。

在一些家暴的案例中，受暴者脫離家庭後，心理上饒恕了施暴者，放下恨意和委屈，不會一想到這件事就難過得吃不下飯、睡不著覺，那還要回去跟施暴者一起生活嗎？這是不需要的，因為對方沒有改變。要不要連結恢復關係，可以視當時的情況而定。如果你發現這個人一天到晚找你麻煩，那要跟他保持健康的距離，不讓他再來侵犯你。

饒恕是練習讓自己的心一次又一次的放下重擔，越來越輕鬆自在。放鬆呼吸鬆開自己，讓情緒有空間可以來去，不讓這些情緒再來影響你，然後嘗試發送慈悲心的祝福給他，祝福他能心存和平，止息忿恨。

關於「擁抱內在小孩」

Q：練習「擁抱內在小孩」時，發現我不能原諒內在小孩。因為以前那個小孩是想保護自己愛的人，卻給愛的人帶來傷害。我不能接納、原諒自己，不能擁抱自己的內在小孩。雖然我想接納他，卻不能把愛給自己，因為我一直很自責。

A：我們看見過去的傷害，如果用恨來對付，那有點可惜，因為這個恨要不傷了別人，要不傷了自己。當你恨別人，其實自己也不好受。當你自責，那是把刀往自己心裡插。無論對內或向外，這個恨都會讓自己和身旁的人不舒服，而且對整件事沒有幫助。恨跟愛都是能量，它是可以轉化的，我們要把恨轉變成愛。

怎麼轉？看破即轉。

我們通常覺得放下仇恨很難，那是因為看不破，一直抓著自以為是的假設，其實那根本不是事實，例如你覺得別人傷害你了，或覺得你傷害別人了，這是事實嗎？還是你自己覺得的一個觀點而已？

看破是看見一切虛幻後面的真實，很多自以為是的都是虛幻。「塞翁失馬，焉知非福，塞翁得馬，焉知非禍」，當你得到了，覺得真好，但看破它便會知道，這可能不是一件好事；當你失去了，覺得真慘，但你看破它，會知道也許這是一個禮物。無論你覺得難過被別人傷害，還是自責傷害了別人，現在要練習的是穿越它、看破它，把原本的傷害變成淬煉，原本的自責變成超越。

我也經歷過背叛傷害，但當我可以看破它時，才發現原來這些都是禮物，幫助自己變得更強壯、柔軟，取而代之的是感激的心情。把對別人的恨轉進來給自己愛，感謝自己挺過來了，感謝那些幫助你度過痛苦的人，感謝在這件事上的收穫與成長。當你感恩一切，會讓你有力量去寬恕和原諒傷害過你的人，甚至感謝你曾經被他們打倒。他們是上天派來的黑色天使，幫助你越挫越勇，讓你在血泊中鍛鍊出剛強的力量，可貴的是，你還擁有一顆柔軟慈悲的心。

有一位母親的孩子車禍過世了，她非常自責，覺得沒有保護好小孩，但後來她轉化了自責，開始去幫助在車禍意外中受傷的孩子，幫助那些父母能重新站起來。把對自己的恨轉出去給別人愛，別人又以感激回報，這就是愛的循環流動。你也可以試著練習，慢慢的你會發現自責愈來愈少，被愛取代了。

Q：內在小孩不願意與自己溝通怎麼辦？

A：如果你發現內在小孩不願與自己溝通，一定有原因，可能他跟你不熟，沒什麼交集，就像小孩看到不熟的叔叔阿姨，就會躲在後面不想出來。該怎麼讓自己與內在小孩變熟？就是要常常去探望他。

也有學員告訴我，自己的內在小孩覺得總是被忽略，有點生氣不想理人。每個人內在小孩給的回應都不一樣，你可以試著問他，如果他不回答你，就耐心的等待，可以常常去看他，即使他不理你也沒關係。

就像有些孩子來到諮詢室時非常害羞，前面幾次諮詢都不講半句話，但是諮詢師的工作是什麼呢？就是陪伴，讓他知道可以放鬆舒服的跟我們在一起，就算什麼也不說，什麼也不做，都是允許的。可能他沒有被無條件的接納過，所以當別人來關懷他時，會懷著很高的戒心，覺得「你一定不是真心愛我」，反而出現防衛行為。

內在小孩會有各式各樣的脾氣，但其實他們的內心都需要愛，你要給他耐心與時間，同時給自己耐心與時間，好好陪伴他，然後慢慢就會發現不一樣。等待是一種藝術，也許在你意想不到的時候，他就會向你敞開，只要讓他知道你一直都在，愛與支持著他就好。繼續以愛澆灌，然後靜待花開。

Q：聽「擁抱內在小孩」引導詞時，會覺得自己長大了，要保護內在小孩。因為內在小孩經歷了很多不開心的事，感到很害怕，我要給予那個小孩很多愛。但一旦回歸到現實世界，遇到困難挫折時，又覺得不夠愛自己，怎麼辦？

A：這也是需要練習和時間的，當你回歸到現實生活中，發現又不夠愛自己的時候，就像在〈人生五章〉裡說的，我們又掉到洞裡了。沒關係，你現在至少知道你掉到洞裡去，而且也發現是自己的問題。

你要做的是試著從洞裡爬出來，重新學會愛自己。慢慢的學會看到洞時繞道而行，再來，學會走另一條路，這都需要時間，〈人生五章〉並不是只要一章就能寫完的，它是一個過程。我看到你已經在路上了，所以給自己時間慢慢的去操練，一定可以的！

不帶有任何預期，先去試試看。在試的過程中也許會碰到困難或障礙，但碰到障礙和困難讓你的心情感到挫折時，就同樣用正念去覺察挫折，體會情緒。

不用害怕會碰到障礙，碰到了也不用急著想怎麼解決，只要去練習覺察你在困難當中的情緒和感覺，給予自己支援和愛。從後知後覺的愛自己，逐漸蛻變成先知先覺的愛自己，會有這一天來臨的。

Q：媽媽在我小時候過世了，她很疼愛我，一想起她就難過，我很努力刻意不去想，但就是放不下，擺脫不了對她的思念，不知該如何是好。

A：電影《愛，讓悲傷終結》（Rabbit Hole）中，女主角的兒子因交通意外去世，她不知道怎麼處理自己的哀傷情緒。因為女主角的弟弟就是交通意外去世的，她去問媽媽該怎麼面對兒子去世這件事，怎麼放下？女主角的媽媽有一段很經典的對白說：「我從來沒有放下過，他一直都在，我會一直記得他。只是我把他變得很小，小到能夠放在我的口袋裡，陪我一起生活下去。」

如果你刻意要把媽媽的記憶抹去，那麼你可能會因此失去感受愛和愛別人的能力，這非常可惜。是不是可以像電影所說，嘗試把媽媽放得「很小」，而不是把她「放下」。可以把媽媽的紀念品帶在身邊，讓媽媽在你身邊用另一種方式陪伴你，讓她變成你的力量，走到你人生的下一個階段。

打一個比方，如果你把媽媽的愛當成一塊銀子埋在土裡，它雖然對你很有價值，但你只能一直守著它，哪兒也去不了，很久之後它還是一塊銀子。但如果你把媽媽的愛當成一顆種子，你把它種在土裡，不用一直守著它，它吸收陽光雨露，變成一棵樹。於是你可以在樹下乘涼，可以帶著媽媽的愛讓自己成長，在你無助、需要力量時，可以帶著媽媽的力量往前走，還可以把這樣的愛分享給他人，歡迎別人到樹下乘涼，讓他人也分享到你的快樂，同時回報你更多愛。

這將是一個循環的流動，你會發現媽媽的愛越變越多了。

關於「正念溝通日記」

Q(1)：我老公喜歡在網路上和陌生的漂亮女生聊天，他說這是抒壓。我很傷心、很不舒服，可是他的情緒反應很大，說我管閒事、太敏感，根本無法繼續溝通。怎麼辦？

Q(2)：我老婆一發脾氣就會把我的Line、電話都封鎖，臭臉不說話，只有等她氣消了才能逐漸恢復正常溝通。她會因為各種小事引爆激烈的情緒反應，比一般人更容易也更激烈，該如何用正念與她溝通？

A：開始練習正念，要破除舊習慣，願意從舊有模式中跳脫。改變別人不容易，我們能做的是改變自己，如果可以在每次溝通裡跟以前不一樣，對方對你的態度也會慢慢跟著改變，只有靠你的帶動，讓對方看到你的改變，他才有可能改變，而不是你叫他改他就能改，這是不一樣的。

我們該怎麼潛移默化的讓對方改變？很重要的基礎是「先跟」（第一招「正念聆聽」與第二招「同理連結」）。如果這兩招基礎還沒打好，就想要「後帶」（第三招「只講事實與感覺的我語句」及第四招「創造共識」），就像下盤不穩時出拳，反而容易摔跤。

提醒大家，再怎麼樣看對方的所作所為不順眼，有一個前提是：我理解你的行為背後有正面的意圖與需要，嘗試從正面的意圖來發展正面行為的可能性。例如老公網聊背後的正面意圖和需要是：排解過多的壓力；妻子發飆背後的正面意圖和需要是：忠誠專一的愛情。這兩個意圖都很好，但都沒有被看見。老婆看見老公的無動於衷，老公看見老婆的無理取鬧，兩人都有練習，但有溝沒有通。

「先跟」是在生活中開始建立正念聆聽的習慣，建立同理連結的習慣，要先讓對方感覺，意圖是被理解的，需要是被接納的。例如：「老公，我知道你壓力很大，辛苦你了，找方法排解真的很重要。」或是「老婆，我知道妳在生氣，我只愛妳一個，妳是我心中的唯一。」這些話一講，對方馬上卸下防衛機制，兩人才能從吵架變成溝通。要讓你的另一半覺得，你真的有在聽我講話，你真的有尊重我的想法，而不是都只說你的想法和感覺，強迫我遵守你訂的規則。

「先跟」做好後，再做「後帶」：老婆可以跟老公共同想出紓解壓力又增加夫妻互動的方法，例如兩人一起運動散步，或老公請老婆列出情緒引爆點，兩人一起制定拆彈策略，例如主動告知不封鎖，即時道歉說愛你。

看見對方的行為背後有正面意圖與需要，從正面意圖協助對方發展正面的行為，請在日常生活中多練習。

Q：我想拯救別人，懂得道理後好想改變別人，特別是家人，想讓他們和我一同成長，沒有煩惱，要怎麼做？

A：請讓自己放輕鬆，讓自己充滿愛，用這個狀態和家人在一起就好。「潤物細無聲」是最高境界，不需要刻意去說服家人要做什麼改變，而是當他們發現在跟你相處時，你改變了，而且你的改變讓他們感覺很舒服，自然而然也會充滿好奇，這時再去跟他們分享你的成長歷程。

例如以前常跟家裡吵架，他們發現你怎麼現在講話的態度越來越溫柔，內容越來越有道理，自然而然會覺得好奇。當他們的好奇心升起，問起你為什麼會有這樣的改變，這時再去跟他們分享，這就是順勢而為，水到渠成。

Q：該怎麼透過正念練習克服在群眾面前演講的恐懼，或人與人之間面對面交流的恐懼？

A：二〇一三年，英國《衛報》（The Guardian）刊出一篇非常有趣的報導。他們對英國人進行調查：人生中最害怕的事情是什麼？最多人回答的既不是怕高或怕死，而是公開演講！雖然這只是對英國人進行調查，但公開說話的恐懼超越國籍、非常普遍。這件事對所有人來說都是件令人緊張、容易產生壓力的事。你在演講時會緊張恐懼，其實我也會。

恐懼是一種感覺，一種情緒，它的確存在。建議大家做三件事：第一，正念的感受恐懼，接納承認它的存在；第二，把注意力重新定位在演講或交流的內容上，把關注的焦點調整到如何把內容講清楚，例如多舉例、多一些觀點等，讓自己完全投入在演講或交流中，就像自己也是一個聽眾；第三，給予自己正面的鼓勵與支持，為自己加油打氣。

這裡有個口訣：STOP四步，可以用在任何你感覺混亂或危機的時刻。例如突發事件打亂你的步調，讓你生氣或害怕時：第一步 Stop，停下來；第二步 Take a breath，吸口氣；第三步 Observe，觀察自己現在的狀態，例如承認我在生氣或害怕，但我願意在呼吸中給它一個空間，觀察它的變化和來去；第四步 Proceed，繼續做當下要做的事。

通常發現自己在害怕時，越不想感受它，越不想要它，它好像越如影隨形。正念就是換個方向，不用排斥它，就是接受它。我承認我真的很害怕，不需要去逃避害怕的感覺。也可以嘗試把緊張和恐懼感如實的先表達出來，或許緊張和恐懼就會相對減弱。

例如在演講開場時，提前跟大家說：「我今天發言有些緊張，不過我做了充分的準備，也會努力表達，如果等下因為緊張講得不清楚或結巴，大家可以告訴我，我可以再說一遍。」在表達自己的情緒時，要表現出負責任的態度，而非「因為我緊張，所以做不好，請大家見諒」，坦誠並負責的表達自己，聽演講的人也會給予更多支持。

建議你還可以再往內探索一點，看看害怕的根源是從哪裡來？如果你發現其實恐懼可能來自一些扭曲的念頭，例如我一定講得很爛，大家都會笑我！這真的是事實嗎？還是你想出來的？就像觀蟲日記裡記錄的蟲蟲。你可以試著在察覺這個念頭出現時看穿它，告訴自己這只是我想出來的念頭罷了。看著它來去，我們不需要去追隨。它就只是一個念頭，不是一個事實，不用被它牽著走。

第十章

成為一個完整的人

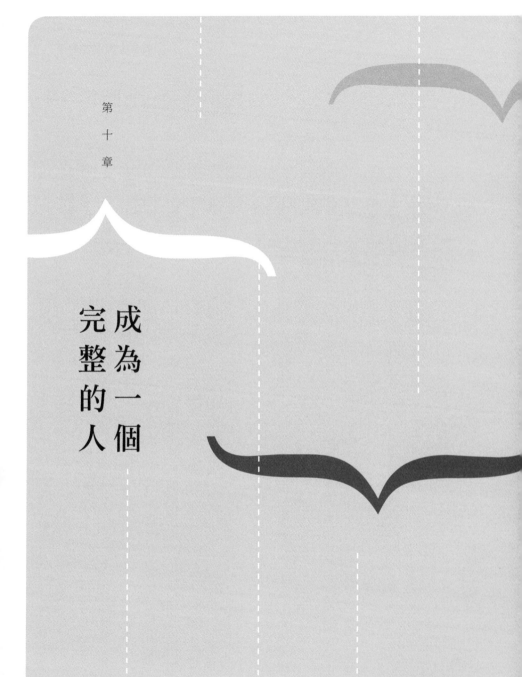

10-1 頭腦習慣的除舊布新

每個人內心都有智慧和慈悲的種子，同時也有貪嗔癡慢疑的種子，這在我們的意識中頻頻出現，特別在網路發達的時代，這些意識在每天接觸的資訊當中不斷傳播，腦袋裡已有的煩惱就被強化了。

為了讓心中的智慧和慈悲茁壯成長，我們培養正念，觀照了解自己的身心狀態及周遭正在發生的事物，打破自己不知不覺的狀態。隨著練習，逐漸放下過去，活在當下，創造未來，將煩惱轉化成清淨的愛和明白。

在正念練習裡，我們慢慢從舊習慣過渡到新狀態。除舊布新的正念生活，破除了哪些舊的習慣，進入了哪些新的狀態呢？一起來看一看。

從跟隨情緒到有意選擇

以前面對外界刺激時，所產生的感受、情緒與想法全部黏在一起，快速進入自動導航系統，馬上做出反應。而現在我們學會覺察自己的情緒和感受，覺察背後的想法，觀察它的來去，觀察它的生滅，觀察它的變化。當能夠正念的自我覺察，就創造了一個空間，這個空間讓我們更加清晰明白的去做有意識的選擇，去做有選擇的回應。

例如，別人做了讓我們不舒服的事情，我們開始練習覺察：我的身體可能出現一些緊繃，我的情緒好像有些生氣，我的念頭認為對方是一個混蛋，我真倒霉要跟這種人一起工作。**「怒」這個字，拆開來是「心」的「奴」隸，我們把自己關起來了。**當你熟悉覺察，它將帶給你與所有事物截然不同的關係，你不再是思緒的囚犯，也不會是憤怒、恐懼、無聊、悲傷等心理狀態的囚犯，你會獲得自由。

有兩種方式來面對外界刺激，一個是「反應」，另一個是「回應」。反應是不經思索的，如果反應會讓自己和事情都變得更糟，想想有沒有更好的方式？我們可以選擇去回應。現在學習正念，**從「反應模式」變成「回應模式」**，就是要去覺察我們的情緒、覺察情緒背後的念頭、還有覺察身體的感覺。

然後我們可以選擇一個新的回應方式：我選擇不發飆，不壓抑，理直氣和的跟對方說：「你這樣讓我有些不舒服，但我也知道工作不順、耽誤了你的時間，所以我們要不要好好談一談？」你也可以給對方一些關心，讓他不把你當成敵人，也許你們可以找到一個更好的合作方式。我們開始從覺察中走出一條新的路，當用新的回應去對應身旁事情，我們的自動導航系統也會逐漸修正改變，這就是一條新的道路。

從分析判斷到全然感受

我們很容易活在自己的頭腦裡。看到一件事情，就開始分析這件事情是這樣那樣。但**正念強調用感官全然的經驗這個世界，直接去體驗，我們內在和外在開始連接起來。**在分析判斷時，我們都活在自己的想法中，跟外在世界是隔開的，沒有真實的去經驗當下的情況，也沒有經驗自己的情緒和身體的感覺，忽略了自己的感受、忽略了自己的情緒、忽略了外在世界真實的樣子。

很多時候，我們分析解釋當下的情緒，是因為不喜歡這個情緒，想要趕快轉移重心，不想待在裡面，我們帶著抗拒逃避的心，想趕快解決它、跳脫它。如果情緒還沒消失，乾脆壓抑它。這通常會帶來更多焦躁不安、不知所措。

當我們能夠先去感知，全然的感受自己的情緒感覺和身體感官是如何和外界互動

時，這會重新讓身心合一，也重新讓內在和外在連接起來。所以在正念中，我們試著脫下有色眼鏡，以赤子之心看見這個世界的本來面目，不是預期想要的好，也不是誇大想像的壞，就是單純全然的去經驗當下的一切。

從對抗逃避到面對接受

通常在恐懼、難過、焦慮、有壓力時，我們的反應不外乎是解決它、趕快脫身，或壓抑它、假裝沒事。情緒只有一條道路，就是它只能被感受。有時候我們看到事情的本來面貌，跟預期想要的樣子有差距，就會不舒服，急著要解決這個不舒服，趕快脫離這個情緒，脫離不了就壓抑它，這是我們對抗和逃避情緒的舊習慣。

怎樣進入一個新的狀態？**新的狀態是面對它、接受它。**當心裡有負面情緒，要先承認它的存在，不用先急著對抗或逃避；我要跟我的不舒服在一起，看看它到底是什麼樣子，經驗它、接納它。關照它之後，再來想想要怎麼處理它。

過去在還沒練習正念以前，如果遇到一件很害怕的事情，感覺到自己害怕，總會先告訴自己：「我不能害怕。我要很正面，很積極才對！」其實我們可以告訴自己，我可以害怕，我承認我害怕，但我也相信我可以度過這個害怕。

相信自己，繼續前行。

從過去未來到活在當下

思考與情緒主宰了我們的心，即使睡覺時也不斷想東想西，結果造成很多壓力與痛苦。有篇發表在頂尖科學期刊的哈佛研究，叫〈胡思亂想的心，是不快樂的心〉。研究發現，當受訪者的心思愈沒有放在正在做的事上，他們愈不快樂。

我們常把心思放在過去和未來，但現在要改換一種新的生活方式，活在當下。我們清楚的知道，回憶就是回憶，計畫就是計畫；回憶是過去的，計畫是未來的。這並不是說當你在現實生活中緬懷過去的回憶、或在心裡盤算未來的計畫就是錯的。活在當下的意思是，當下你在做什麼，就把心思意念專注在當下做的事。**回憶時專心回憶，計畫時專心計畫，做事時就專心做事。**

練習覺察自己的念頭是否專注在當下所做的事，還是偏離了當下，神遊在不同時空。當你覺察到念頭偏離，那就溫柔堅定的再次將念頭專注於現在，重新把你的精力放在當下要做的事情上。

從陷入念頭到回歸事實

「記憶」常常是簡化後的結果，例如今天在學校跟兩個同學打招呼，他們沒有回應，心裡的想法可能會是：「他們是不是不喜歡我，不想跟我當朋友，我被排擠了。」但事實上，如果去問那兩個朋友是不是討厭我、排擠我，他們可能會說：「你想太多，根本沒有，那時候我們正在討論待會考試的題目，我們很緊張，根本沒看到你跟我們打招呼，就算有看到也沒空理你，但不代表我們討厭你。」我們要學習讓事實停留在事實的層面，而不是用我們的念頭來概括事實。

研究發現，記憶模式很籠統的人，在經歷創傷事件後也容易出現創傷後壓力症候群（Posttraumatic stress disorder，簡稱PTSD），這是指人在經歷創傷事件後出現失眠惡夢、焦慮易驚，重複想起創傷事件，逃避與創傷事件有關的事物，情感疏離，性格改變等症狀。如果一個人用這種概括的念頭來存取記憶，只要在目前生活中遇到不如意，就容易以記憶中的負面想法演繹當下的經驗，把過去帶到現在，只要一受挫就會想起那個不舒服的過去，因此變得難以放下。

舊習慣是把念頭當成事實，用概括的方式存取經驗。現在我們要建立新習慣，**對事實的解讀和詮釋不等同於事實，讓念頭停留在念頭，回歸到事實的真相。**念頭不過是一個心理活動，我們用慈悲寬廣的心看著這些念頭，無論它是好是壞，覺察它的來去，但不需被它牽著走，你的內在慢慢就會生出清靜的智慧和定力。

從追求外在到連接內在

我們常常一心追求外在的目標，其實這很消耗能量。但當學習正念後，我們開始察覺自己當下的狀態，和內在連接在一起，懂得滋養自己。

現代人常常掉入一個陷阱叫「我沒空」，你可以想想現在的生活，如果你越忙，越先放棄的通常是最能滋養心靈的事。我們可能會覺得因為沒空，放棄了運動、放棄去郊外爬山、放棄跟朋友家人的親密溝通，而這些最先放棄的事通常都最能滋養自己。

我們看似只做重要的事情，其實那些重要的事情卻是消耗能量的事。最後，生活就越變越窄，能量只出不入，我們一直給出能量，但沒有滋養自己，導致越來越沒有活力、沒有創意，工作效率變低。完成的事情變少且時間反而花更多，也容易出現身心不適的狀況。

我們要拉回來和內在連接，懂得滋養自己。**別忘記我們為了提高效率所放棄的事情，有時候才是讓自己更有效率的寶物。**

10-2 過能量平衡的生活

下頁表格中有三個關於能量平衡的問題，大家可以將答案記錄在自己的隨身筆記本中。首先，在你的生活中，哪些事情是消耗能量的？哪些事情是滋養能量的？你可能會發現，消耗能量的事很多，而可以滋養能量的事也不少，只是你還沒去做。在生活中要懂得平衡能量，不能只進不出，只消耗不補充。現在我們要做一些能量平衡的行動，配對一下兩者，在能量耗竭時，想想能做些什麼，為自己重新充電。

請寫下承諾的五個能量平衡行動，不用做大幅改變，因為大改變通常不太容易，可以列出能輕鬆做到的事，也列出明確的時間，例如每工作兩小時，要放鬆的喝一杯茶；等電腦開機時，做三分鐘正念沙漏；或在辦公室吃了一週外食，每個週末要為自己做一頓料理；花點時間讓喜愛的音樂感動自己、感激生命中的恩賜、欣賞美麗的藝

能量平衡清單

	能量平衡清單
1. 生活中，哪些事是消耗能量的？	
2. 生活中，哪些事是滋養能量的？	
我承諾的五個能量平衡行動？（請選擇可以輕鬆做到的事，例如等電腦開機時，做三分鐘正念沙漏，或每個週末為自己做一頓料理。）	1. 2. 3. 4. 5.

術作品，到大自然裡走走……如果時間記錄得太模糊，可能很難找時間完成它，因為你不知道什麼時候才要做，等能量都耗竭到底了也許都還沒行動，但如果標注了時間，這件事就比較容易完成。

有些人會在壓力大時吃很多東西，似乎在吃的過程裡可以讓自己暫時逃離壓力。他們雖然也知道暴飲暴食不好，但就是控制不住。其實暴飲暴食也是身體想要能量的一種表現，我們的身體覺得累、壓力大，就想補充能量，但暴飲暴食補充的只是熱量而不是能量，所以肚子長出了肉、精神依然疲累。當你發現自己又想暴飲暴食，可以嘗試用其他更好的方法滿足身體真實的需要。

你可以看看自己寫的五個能量平衡行動是什麼，除了吃，有什麼是可以給身體能量、讓你感覺很舒服、愉悅平靜的。例如花五分鐘觀呼吸，讓頭腦放鬆下來，或起身去到公園走一走，讓自己脫離一下辦公室，呼吸點清新空氣，或戴上耳機聽些海浪鳥叫的自然輕音樂，讓自己整個人舒緩下來。當你下一次又想暴飲暴食時，試著用你所寫的能量平衡行動取而代之。

許多學員希望提高自律與自我控制的能力，從根本上來看，其實要由外在和內在，先平衡自己的能量。

首先，外在有很多刺激讓我們無法自律。手機遊戲太好玩了，所以一直玩停不下來，無法讀書；或上網看一看，幾個鐘頭就過去了，什麼工作也沒做。一個人要修心，最好的環境是閉關隱居，為什麼？因為人面對刺激，通常定力是不夠的，所以「小隱隱於野，中隱隱於市，大隱隱於朝」，你要境界很高、功力很強了，才可能在世俗中修行，因為刺激實在太多。如果可以減少外界的刺激，其實對培養自律大有好處。現在我們的定力還弱不禁風，有一點風吹草動，心思就跑掉了。

因此，要先給自己一個沒那麼多刺激的環境，讓內在的定力慢慢茁壯，就不容易在遇到刺激時被拉走。其次，當內在情緒潰堤，很難保持行為自律。例如一焦慮緊張就想抽菸，或抑鬱傷心就想喝酒，無法自我控制。在要掉入情緒前就要先知先覺，而不是等掉入情緒後再告訴自己：不要不行不可以。壓抑以後反彈會抽更多菸，喝更多酒，然後就覺得自己怎麼這麼不自律。雪球都滾到半山腰了，你要它停下很難，要在它滾下去之前就看到，就像天氣預報，你知道等會要下雨，所以出門要帶傘，要有這種醒覺。

例如，週一只要開完檢討早會就容易心情不佳，晚上回家會暴飲暴食。自我覺察後，就要替自己預先安排：週一下班後固定去健身房，在那裡盡情的吼叫運動流汗，讓自己今天遭受到的委屈獲得發洩；甚至可以預先安排，在週一來公司前，就自己進行預演，待會老闆會說什麼，我該怎樣回答讓他滿意，也為給自己打預防針，待會如果被罵，要深呼吸五次，然後繼續聽老闆講話。

你要自我覺察，知道情緒的預兆，就可以提前做準備。如果已經掉進情緒裡也不要責怪自己，因為自責容易讓自己低落無力。人在能量越低的狀態越難自律，要接納自己，原諒自己，同時告訴自己下次會更好，試試提前預防。

10-3 破繭成蝶，為美好人生準備能量

正向刺激產生正能量

發明家愛迪生在世界各國擁有超過一千五百個專利，他有句名言是：「我沒有失敗，我是發現了一萬種不可行的方法。」

透過看事情的角度，讓原本負面的刺激產生正面能量。當我們接收到外界刺激，認知系統對它進行評估後會產生想法，想法又產生情緒和行為。若是改變認知評估的系統，就可以改變刺激出現後的想法，進而影響情緒和行為。換句話說，我們如何解讀這個刺激？用負面的評估系統去看它，這個刺激就會產生負能量；用正面的評估系

統看它，這個刺激就會產生正能量。

美國有一個花了八年時間做的大型研究，得到一個很有趣的發現：生活在高壓下的人，死亡率較低壓的人高出四十三％。**但這個死亡率的提高只發生在覺得壓力是有害的人群中，主觀上不認為壓力有害的人，死亡率反而最低，甚至低過那些客觀壓力很少的人。**

哈佛大學做了一個進階實驗，將受試者分成三組，完成公開講話的任務。對這三組受試者來說都存在客觀壓力。同時這三組中也有不同設置，其中一組只需完成任務，不做任何干預；第二組則被告知，可以嘗試忽略身體的緊張感，就算有壓力也不要害怕，不要管它就好了；第三組受試者被告知心跳加速或呼吸急促，是為了幫助他們吸入更多氧氣，讓大腦更清晰。也就是說他們被教育：壓力是有益的。

研究結果發現，相較第一組和第二組，第三組受試者更有自信應付壓力。更神奇的是，他們的血管是放鬆的。在一般的抗壓反應中，人的血管是收縮的，這樣的收縮情況容易造成心血管疾病，對健康有害。但哈佛大學的研究顯示，即便在客觀壓力下，當你主觀認為壓力是來幫助你的，那麼即使心跳還是加速，呼吸還是加快，但血管是放鬆的，就不容易得到心血管疾病。可以看到，心的力量有多強，思想的力量有多大，我們怎麼認知一件事情是很重要的！原本這件事在你舊有認知裡是負向的刺激，但現在可以把它變成一個正向刺激，它就會產生正能量。

心理學使用「認知重建」這個詞來描繪人們從不同角度看情況的能力，在困難的時刻和艱辛的情況下，從新的角度看事情，看見你所處的境況中那些幽默輕鬆與光明的面向，這對我們非常有幫助。

改變心態，世界如此美好

在職場，無論你是公司CEO或基層員工，你都能以一定程度掌握自己投入工作的某些部分。你可以在這些你能掌握的部分裡，重塑工作的體驗；提醒自己你的工作如何影響他人的生活，投入工作中令你覺得興奮有趣的部分，以及與同事、客戶間有意義的互動；你還可以感謝自己在這份工作中學習到更多專業技能。改變心態，世界就會變得不一樣。

我的好朋友在大學時被診斷出罹患癌症，在她做完化療、開刀出院的那一天，電影《臥虎藏龍》剛上映，她看到我就拿下帽子，對我說：「妳好，請叫我李慕白。」我笑了，她也笑出來。我問她：「妳不難過嗎？」她說：「當然難過，但難過完，我選擇笑著活下去。」所以她積極的治療，同時也用健康的方法養生，吃有機食物，規律的運動和睡眠，保持活在當下、積極樂觀的態度。就這樣直到現在，將近二十年了，她的癌症沒有復發。而且在養生過程中結識了很多從事有機農業的農民，她採訪了這些農民，為他們拍紀錄片、出版論文，向世人推廣有機耕作的概念。

癌症對所有人來說可能都是一項噩耗，但對我朋友來說，她把它變成一項生命的禮物，這是她的選擇，她選擇為負面的事情賦予正面的意義。

「環境—信念—情緒—行為」是一個循環，你要選擇的是惡性循環還是良性循環，選擇的出發點端看你最初的起心動念。起的是慈心，動的是善念，境隨心轉，才能夠扭轉你的客觀環境。世界上很多成功的偉人失敗時，就算再難過，都相信這一切的發生對未來有幫助。失敗乃成功之母，這個信念支持他們化危機為轉機，從挫敗中站起來。人生難免經歷挫敗，有些人一蹶不振，覺得人生完蛋，所有錯都不可能挽回；有些人卻能谷底翻身，成就更高目標，他們相信這一切可以幫助自己變得更強大。我們都有所選擇，選擇對周遭發生的一切採取正面迎接、完全接納的態度，相信一切的發生都有助於我們。

「在刺激與回應之間仍有空間。在此空間中，存在著我們選擇回應的自由以及權力。而在我們的回應中，則存在著我們的成長及喜樂。」這句話是維克多・法蘭可（Viktor E. Frankl）說的，他是一位偉大的心理學家，親身經歷過恐怖的納粹集中營，受盡折磨與痛苦，在那麼可怕的情況下，他卻發現每個人仍有選擇的可能性、仍能活出自由力量、仍可選擇寬恕、選擇相信愛。

通過正念練習，我們每個人都能夠回到這樣的內在空間，在此空間中活在當下。請你相信自己，你會越來越自由。

10-4 第八週正念練習

正念沙漏

我要送給大家一個禮物「正念沙漏」。你隨時隨地都能做，每天覺得有需要時就拿出來練習三分鐘。若感覺焦慮、有壓力的狀況，例如塞車、開會前、上臺演講前或排隊排很長時都可以用。「正念沙漏」能為你充電三分鐘，讓你重新投入現實生活，對當下的狀況做出適當的回應。練習在日常生活中滋養自己，它是一個很好的工具。

請看下頁的沙漏圖，最上方有個人在裡面漂浮，可能我們經歷了一些事件，以至於現在的情緒感受、身體感覺還有想法，都呈現讓我們不舒服的狀態。就像這個人，

抱著自己的膝蓋晃晃蕩蕩。所以，最開始的第一分鐘，問問自己發生了什麼事，覺察當下的念頭、情緒、感覺還有身體的感受。

接著，看著這個沙往下漏，聚集到中間狹窄的部位，就像注意力從原本干擾你的事情上聚焦到別處。第二分鐘，練習把所有專注力放在呼吸上。所以在第一分鐘的覺察後，第二分鐘試著把專注力聚焦在呼吸，什麼都不做，什麼也不想，只是呼吸。

最後，可以看到有個人安住沙漏下方，看著上方的那個人。第三分鐘，試著把呼吸帶到全身，覺察身體的反應。

我們維持在正念的狀態去感受、去經驗，溫柔的覺察自己、慈悲的給予支持。你會發現這些感覺也許來了又走了，也許它還在。它在的時候，我們仍可以跟它在一起，仍然是開放的包容和接受它的存在，或是也可以為它做一點事。例如把呼吸帶到需要放鬆的位置、放鬆那些緊張的身體部位。

這就是三分鐘「正念沙漏」的練習。

在日常生活中，有時會遇到一些感覺困頓或煩躁的情境，這時候可以練習三分鐘

「正念沙漏」，幫助我們從困頓的情境中快速解放，轉化自己的心境，用有智慧的方法回應。

正念沙漏
引導音檔

開始練習：

現在請你暫停，開始啟動正念沙漏。

請你有覺察的坐著，盡可能閉上眼睛。現在遇到的狀況，在你心中有怎樣的念頭或想法，帶給你什麼情緒和感受，身體又出現什麼感覺呢？請覺察一下，身體哪些部位是緊繃或亢奮的。你只是覺察自己，但不需要去改變，只是純然的傾聽與觀照當下的身體感覺、情緒感受及念頭想法。

接下來，時間來到沙漏中間。請把心專注在呼吸上，試著放鬆的呼吸，專注的呼吸，讓自己的身心沉穩下來，專注呼吸一分鐘。

接下來，時間來到沙漏下方。將呼吸擴展到全身，去探索自己全身的感覺，彷彿全身都一起在呼吸。如果你發現身體有些部位仍呈現緊繃或亢奮狀態，試著在吸氣時，觀想氣流送到那個部位，放鬆軟化它。呼氣時，緊張也隨氣息呼出。

可能你現在仍會察覺到自己的內在還是有一些不舒服的情緒，或緊繃的身體感覺，沒有關係，試著告訴自己，既然它已經在這裡了，就試著接納它吧。有不舒服的感覺也沒問題，嘗試著開放面對它，將呼吸帶到全身，用呼吸給自己送一次新的祝福，讓困頓包容在自己生命的寬廣空間中。

信任自己的智慧，製造一個空間，這個空間給予我們一個重新回應現實情境的機會。回應中，有著你的成長和解脫。

10-5 第八週作業

過能量平衡的生活

人的能量不可只出不進，要過能量平衡的生活，前述能量平衡行動的承諾（請見第296頁的能量平衡清單），在日常生活中要落實力行。

每天至少練習一種正念音檔

目前為止所練習的引導音檔包含觀呼吸、身體掃描、身心合一的呼吸、觀情緒、觀聲音和念頭、與煩惱和平共處、慈悲心的練習、擁抱內在小孩等，每天至少挑選一種練習。而正念沙漏建議一天可練習多次，有需要就可以拿出來使用。

練習把正念習慣帶入生活

試著在生活中實踐正念，如課程教過的正念進食、正念行走、正念伸展、正念溝通。此外，練習將正念的習慣帶入生活中不同面向，如正念聆聽、正念洗澡、正念做飯等。

更甚，一行禪師鼓勵大家可以嘗試一週一次的「正念日」：一週找一天，沒有任何聚會或朋友來訪，只做簡單的事，如打掃房間、料理、洗衣服。一旦房間整潔，東西歸位，這時候可以慢慢洗個澡，然後可以喝茶、散步、練習呼吸，讀書或寫信。讀書時，要清楚自己正在讀什麼；寫信時，要知道自己正在寫什麼。傍晚，給自己準備一頓簡單的晚餐，也許只吃一點水果或只喝一杯果汁。上床睡覺前，靜坐一個小時。睡前不要看書，而是練習五至十分鐘的放鬆。做自己呼吸的主人，柔和的呼吸，隨著胃和胸的起伏，閉著眼睛。這一天中的每一個動作，都應該比平時慢兩倍。

當我們持續練習正念，就能面對生活中大大小小的刺激，改變自己的評估系統與覺察模式。現在經過八週練習，未來大家也要持續練習和內化，培育正念的大腦神經迴路。

恭喜你完成八週正念課程，寫下你的成長感言與後續計畫：

結語

連接自己的身體、心理、靈性

我有時會想，身為一個心理學家，失業的那天，我一定很高興。人人離苦得樂，使命大功告成，多好。

當我看到聽眾或讀者述說自己在人生逆境中承受的傷痛和糾結時，總是感到心疼不捨，由衷希望透過教導一些知識、方法，讓大家能自己幫助自己，從而變得健康快樂。**人生即使遭遇困難，仍能自由，也能自在。**

樹葉從發芽長大到有一天落葉歸根，並不是從此生命就消失了，而是化為養分，繼續滋養本來的生命——再一次發芽長大，然後落葉歸根成為養分，於是生命在這樣的循環中保持生生不息。

人也是一樣。我們出生長大成人，漸漸離開家，在這過程中學習獨立，但同時也要學習回歸。**當你的心裡有了家，生命才會是一個穩固安住的生命。**很多人會說我不想回家，因為家裡沒有溫暖。我所指的家不僅僅是字面上有父母、兄弟姐妹的家，更是你的身、心、靈依歸之處。

很多人想要找到自己，回歸生命所在之處，可我們從來不知道，原來跟自己的身心靈連結就是回家的路。而且大多數情況下，我們都處在一種分離的狀態——自己跟身、心、靈分離了。因此，我想分享如何**連接生命所在、連接身心靈，讓自己能夠回家。**

第一步：跟自己的身體連接

可能有些人會困惑：「我不就住在我的身體裡嗎？」我們用大腦思考，卻忽略身體也有自己的情緒甚至意識。有一個詞叫「心腸」，指一個人的修為脾氣。但有趣的是，既然管行為和情緒的是大腦，那為什麼要用「心腸」兩字呢？我覺得這是古代的智慧。做心臟移植手術的醫生發現，有些病人做換心手術後，原本的個性喜好及習慣會出現轉變，例如喜歡吃的食物、喜歡做的事情變得不一樣。

我們曾一致認為一個人的情緒認知、行為習慣都由大腦操控，但沒有想到心臟也帶有意識。現代醫學研究還發現，我們的腸子是人體的第二大腦——腸子的神經細胞數量僅次於大腦。大家可能都有這樣的經驗，當接觸到外界強烈的刺激時，肚子會咕嚕咕嚕的叫。腸子神經系統的精密複雜度跟一隻貓的大腦差不多，我們的肚子裡可說是住了一隻喵星人，有它自己的意識。

我們的潛意識住在身體裡，要跟身體連接，也就是要跟潛意識連接。當一件事情來臨，我們常常只用大腦思考，但可能心臟、腸子甚至全身不同部位都有感覺，卻總被忽略。

最近我因工作多，經常忙到很晚。有天晚上覺得胃很痛，但還在工作，一開始想吃個胃藥就好了，可是吃了藥還是很痛，就想看看搞笑影片轉移注意力、緩解一下，後來暫時感覺沒那麼痛了。但半夜睡覺時，睡一陣子就被痛醒了，怎麼辦呢？

我忘記了一件非常重要的事——要跟自己的身體連接並關注它，傾聽身體想要傳遞給我的訊息，要回到身體的家。我只顧著照辦大腦的指令，吃藥、看搞笑影片，卻忘記了主角是我的胃。這時，我將所有注意力放在胃上，然後跟它說：「對不起，剛剛沒有好好關注你，我吃藥想要壓制你的痛，看搞笑影片想要轉移你的痛，但現在我願意好好聽你說。」

當我開始跟我的胃連接時，感覺更痛了。就像一個小朋友想跟媽媽講話，但媽媽不理他，他已經眼淚汪汪了。這時如果媽媽跟他說：「寶貝對不起，媽媽願意聽你講。」他一定會因為委屈而大哭。

因此，當我一連接，我的胃痛得更厲害了，但我沒有跟它說：「我不要看你了，越看你，你越鬧啊！」我耐心的跟它連接，跟它說：「你有什麼話或想怎麼做，都可以告訴我，我願意好好關注你，跟你連接，聽你說。」慢慢的，我發現絞痛舒緩下來，很明顯的感覺到它放鬆了，並給我一個很重要的訊息——就算有工作要做也要吃些點心，不可以硬撐著一直做。因此，回家之路的第一步，先跟身體連接。

第二步：跟自己的心理連接

從潛意識往上走，就到達意識層面，心理住在意識層面。意識層面存在著我們的想法、情緒及感受，但很多時候我們並沒有跟它們連接。當我們委屈、憤怒，害怕時，發現它來了卻不想要，覺得它會帶來混亂和不舒服，於是就切斷這種情緒和感受，例如我不想要胃痛的感覺就吃藥，害怕不舒服就看搞笑影片。

當我們越不想連接它，它越會纏著我們，反倒是當願意去連接它、願意回到它裡面，然後跟它在一起時，會發現自己好像進入了一個暴風圈，外面狂風暴雨，你被吹得七葷八素（就像我回去連接胃，它突然更痛）。但再往裡走，到了中央的暴風眼時，你就處在一個萬里無雲的晴空地帶。因此一開始的連接會出現「不喜歡，不想要」很正常，但請告訴自己這是ＯＫ的，我可以試試看，然後你會慢慢的發現情況改變了。

在連接的過程中，要學習在心理上創造一個更大的空間。我們一生中一定會經歷很多負面情緒。負面情緒就像烏雲，當一片烏雲飄過來，我們通常會一頭鑽到烏雲裡，什麼都看不見，陷在那個負面情緒裡。這時要問問自己：如果我是天空，當烏雲飄過來時，我會怎樣呢？

當願意連接自己的心理，也許一開始感覺不舒服，但可以跟這個不舒服保持什麼關係？願不願意允許這些不舒服的存在？當你越放鬆，越像天空一樣開闊的允許這些烏雲存在時，你會發現，過一陣子烏雲就飄走了。但如果你不再是那個天空，是一架飛機鑽到這片雲的亂流裡，那你就會左搖右擺被打亂了。

讓自己開闊，讓自己成為天空。跟你的心理連接時，不要害怕，無需逃避，如果覺得痛苦就放慢呼吸，讓自己放鬆，繼續連接，鬆開自己，慢慢的會發現你變成天空了，你就擁有足夠的空間讓自己自由。

第三步：跟自己的靈性連接

靈性是抽象與超越的概念，在一般認知中常與宗教混為一談，但在學術上，**靈性的定義是「個人在各種關係中達到和諧狀態，此關係包含與自己、天、神、他人、自然、環境間融洽的關係。」**個人在此關係中若能達到平衡與和諧，則呈現出靈性健康狀態，此時個人生命意義自然展現。

中國人的「天人合一，仁民愛物」，西方人的「與神同在，愛人如己」，都是與超越個人的存在連接時的狀態。人類共創集體意識，而集體意識影響的不僅是人類，還有眾生萬物、天地宇宙。就像我們處在鼓吹物質的社會裡大量消費，看起來只有影響自己，其實也影響了其他人，影響了空氣品質，影響了北極熊、冰河還有臭氧層。

靈性是你與眾生萬物、天地宇宙的關係。我們與眾生萬物，天地宇宙都是一體的，這就是一個靈性的意識。當我們願意用愛去跟他人連接、跟地球連接、跟宇宙連接時，會帶給我們很大的力量，因為愛會像迴力鏢一樣回流到你身上。愛從何來？愛你的不只是家人朋友，還有上天大地。每次在公園散步，陽光照在身上時，我都覺得好幸福。天地無條件地給我們空氣、陽光和雨水，天地有那麼多愛，無條件的滋養眾生萬物。想想自己被多少人愛著、服務著，你的內在會生出很多感激。

一起想想，在你生命中對你有重要影響的人，可能是你的父母、某位老師、某個朋友，他為你做了什麼？我能感激對方什麼？他給予了我哪些？用心思考，不要視之為理所當然，不要認為他們理應知道你心懷感激。思考過後，可以寫一封表達感激的信，把信寄出去，再打個電話，不論是對父母、朋友或老師。研究證明，表達感激時，自己會感覺很好，對方也會感覺很好，你創造了一個雙贏的局面、一個上行的螺旋，因為對方也更可能向他人表達感激，將愛傳出去。

人生中難免遇到阻礙，但因為你連接了更大的場域，你會得到更多能量，會有力氣繼續前行。你跟自己的身體、心理在一起，也跟周遭的眾生萬物在一起，愛就在這樣的循環之中不斷滋生力量，讓你可以回到身體、心理和靈性的家。與此同時，請把愛帶回那個有父母、伴侶、孩子和你在一起的地方，讓它成為一個溫暖的家。

參考文獻

Beck, A.T., Steer, R.A. , & Garbin, M.G.（1988）. Psychometric properties of the Beck Depression Inventory: Twenty-five years of evaluation. *Clinical Psychology Review*, *8*, 77–100.

Block-Lerner, J. , Adair, C. , Plumb, J. C. , Rhatigan, D. L., & Orsillo, S. M.（2007）. The case for mindfulness-based approaches in the cultivation of empathy: Does nonjudgmental, present-moment awareness increase capacity for perspective- taking and empathic concern？ *Journal of Marital and Family Therapy*, *33*（4）, 501–16.

Brown, K. W., Ryan, R. M., & Creswell, J. D.（2007）. Mindfulness: Theoretical foundations and evidence for its salutary effects. *Psychological Inquiry, 18*（4）, 211–237.

Carson, J. W., Carson, K. M., Gil, K. M., & Baucom, D. H.（2006）. Mindfulness-based relationship enhancement（MBRE）in couples. In R. A. Baer（Ed.）, *Mindfulness-based treatment approaches: clinician's guide to evidence base and applications*. San Diego: Academic.

Davidson, R. J.（2010）. Empirical explorations of mindfulness: Conceptual and methodological conundrums. *Emotion, 10*（1）, 8–11.

Davidson, R. J., & Lutz, A.（2008）. Buddha's brain: Neuroplasticity and meditation. *IEEE Signal Processing Magazine*, *25*（1）, 171–174.

Davidson, R. J., Kabat-Zinn, J., Schumacher, J., Rosenkranz, M., Muller, D., Santorelli, S., ... Sheridan, J.（2003）. Alterations in brain and immune function produced by mindfulness meditation. *Psychosomatic Medicine, 65*（4）, 564–570.

Dekeyser, M., Raes, F., Leijssen, M., Leysen, S., & Dewulf, D.（2008）. Mindfulness skills and interpersonal behaviour. *Personality and Individual Differences*, *44*（5）, 1235–1245.

Dhammadharo, A. L.（2000）. *Keeping the breath in mind & lessons in samadhi.* Valley Center, CA: Metta Forest Monastery.

Emmons, R. A.（2013）. Gratitude works! A twenty-one day program for creating emotional prosperity. San Francisco: Jossey-Bass.

Germer, C., Siegel, R., & Fulton, P.（2005）. *Mindfulness and psychotherapy*. New York, NY: The Guilford Press.

Gillis-Chapman, S.（2012）. *The five keys to mindful communication: Using deep listening and mindful speech to strengthen relationships, heal conflicts, and accomplish your goals*. Boston, MA: Shambhala.

Giluk, T. L.（2009）. Mindfulness, big five personality, and affect: A meta-analysis. Personality and Individual Differences, 47, 805-811.

Goleman, D.（2013）. *Focus: The Hidden Driver of Excellence*. New York: HarperCollins.

Hanh, T. N.（1999）. The miracle of mindfulness: An introduction to the practice of meditation. Boston, MA: Beacon Press.

Jamieson, J. P., Nock, M. K., & Mendes, W. B.（2012）. Mind over matter: Reappraising arousal improves cardiovascular and cognitive responses to stress. *Journal of Experimental Psychology, 141*（3）, 417-422.

Jha, A. P., Stanley, E. A., Kiyonaga, A., Wong, L., & Gelfand, L.（2010）. Examining the protective effects of mindfulness training on working memory capacity and affective experience. *Emotion*, *10*, 54–64.

Kabat-Zinn, J.（1990）. *Full catastrophe living: Using the wisdom of your body and mind to face stress, pain, and illness*. New York, NY: Delacorte Press.

Kabat-Zinn, J.（1994）. *Wherever you go, there you are: Mindfulness meditation*. New York, NY: Hyperion.

Kabat-Zinn, J.（2002）. Meditation is about paying attention. *Reflections: The SoL Journal, 3*（3）, 68–71.

Kabat-Zinn, J.（2003）. Mindfulness-based interventions in context: Past, present, and future. *Clinical Psychology: Science and Practice, 10*（2）, 144–156.

Kabat-Zinn, J.（2005）. *Coming to our senses, healing ourselves and the world through mindfulness*. New York City, NY: Hyperion.

Kabat-Zinn, J.（2012）. *Mindfulness for beginners: Reclaiming the present moment—and your life*. Boulder, CO: Sounds True.

Keller, A., Litzelman, K., Wisk, L.E., Maddox, T., Cheng, E.R., Creswell, P.D., & Witt, W.P.（2012）. Does the perception that stress affects health matter？ The association with health and mortality. *Health Psychology, 31*（5）, 677-684.

Keng, S-L., Smoski, M.J., & Robins, C. J.（2013）. Effects of mindfulness on psychological health: A review of empirical studies. *Clinical Review, 31*（6）, 1041–1056.

Killingsworth, M. A., & Gilbert, D. T.（2010）. A wandering mind is an unhappy mind. *Science, 330*（6006）, 932.

Kounios, J., & Beeman, M.（2015）. *The Eureka Factor: Aha Moments, Creative Insight, and the Brain.* New York City, NY: Random House Inc.

Kram, G. E.（2011）. *Transformation through feeling: Awakening the felt sensibility*. Berkeley, CA: CreateSpace Independent Publishing Platform.

Leung, M.-K., Chan, C. C. H., Yin, J., Lee, C.-F., So, K.-F., & Lee, T. M. C.（2013）. Increased gray matter volume in the right angular and posterior parahippocampal gyri in loving-kindness meditators. Social Cognitive and Affective Neuroscience, 8（1）, 34–9.

Mrazek, M.D., Franklin, M.S., Phillips, D.T., Baird, B., & Schooler, J.W.（2013）. Mindfulness Training Improves Working Memory Capacity and GRE Performance While Reducing Mind Wandering, *Psychological Science, 24*（5）, 776–781.

Needleman, J., & Baker, G.（1996）. *Gurdjieff Essays and Reflections on the Man and His Teaching.* New York City, NY: Continuum.

Nelson, P.（1994）. *There's a Hole in My sidewalk: The Romance of Self-Discovery.* Hillsboro, OR: Beyond Words Publishing.

Phillips, J.（2008）. *Letters from the dhamma brothers: Meditation behind bars*. Onalaska, WA: Pariyatti Publishing.

Poulin, M. J., Brown, S. L., Dillard, A. J., & Smith, D. M.（2013）. Giving to others and the association between stress and mortality. *American Journal of Public Health, 103*（9）:1649-55.

Ricard, M.（2012）. *Happiness: A guide to developing life's most important skill.* London: Atlantic Books.

Roberts, T.（2009）. *The mindfulness workbook: A beginner's guide to overcoming fear and embracing compassion* . Oakland, CA: New Harbinger Publications.

Rumi, J., Coleman, B., & Moyne, J.（1997）. *The Essential Rumi.* London, UK: Penguin Classics.

Saltzman, A.（2008）. *Still quiet place: Practices for children and adolescents to discover peace and happiness*. Menlo Park, CA: Still Quiet Place.

Schmertz, S. K., Anderson, P. L., & Robins, D. L.（2008）. The relation between self- report mindfulness and performance on tasks of sustained attention. *Journal of Psychopathology and Behavioral Assessment, 31*（1）, 60–66.

Seelig, T. L.（2012）. *InGenius : A crash course on creativity.* New York : HarperOne.

Segal, Z. V., Williams, J. M. G. & Teasdale, J.D.（2002）. *Mindfulness-based cognitive therapy for depression: A new approach for preventing relapse*. New York, NY: The Guilford Press.

Shapiro, S. L., Carlson, L. E., Astin, J. A., & Freedman, B. (2006). Mechanisms of mindfulness. Journal of Clinical Psychology, 62 (3), 373–386.

Shapiro, S. L., Oman, D., Thoresen, C. E., Plante, T. G., & Flinders, T. (2008). Cultivating mindfulness: Effects on well-being. *Journal of Clinical Psychology, 64* (7), 840–863.

Smalley, S., & Winston, D. (2010). *Fully present: The science, art, and practice of mindfulness*. (1 ed., Vol. 1). Philadelphia, PA: Da Capo Press.

Stahl, P. D., & Goldstein, P. D. (2010). *A mindfulness-based stress reduction workbook*. Oakland, CA: New Harbringer Publications, Inc.

Tang, Y.Y., Lu, Q., Fan, M., Yang, Y., & Posner, M.I. (2012). Mechanisms of white matter changes induced by meditation. *Proceedings of the National Academy of Sciences of the United States of America, 109* (26), 10570-4.

Tang, Y.Y., Lu, Q., Geng, X., Stein, E.A., Yang, Y., & Posner, M.I. (2010). Short-term meditation induces white matter changes in the anterior cingulate. Proceedings of the National Academy of Sciences of the United States of America, 107 (35), 15649-52.

Trungpa, C. (1995). *The path is the goal: A basic handbook of buddhist meditation*. Boston, MA: Shambhala.

Weigel, J. (2012, August 21). Be more mindful for a better workplace *Chicago Tribune*.

Williams, J. M. (2010). Mindfulness and psychological process. *Emotion, 10,* 1-7.

Williams, J. M. G., & Kabat-Zinn, J. (2011). Mindfulness: diverse perspectives on its meaning, origins, and multiple applications at the intersection of science and dharma. *Contemporary Buddhism, 12* (1), 1–18.

Williams, J. M. G., Russell, I., & Russell, D. (2008). Mindfulness-based cognitive therapy: Further issues in current evidence and future research. *Journal of Consulting and Clinical Psychology, 76* (3), 524–9.

Williams, M., & Penman, D. (2012). *Mindfulness: An eight-week plan for finding peace in a frantic world*. New York, NY: Rodale Books.

Wolever, R.Q., Bobinet, K.J., McCabe, K., Mackenzie, E.R., Fekete, E., Kusnick, C.A., & Baime, M. (2012). Effective and viable mind-body stress reduction in the workplace: a randomized controlled trial. *Journal of Occupational Health Psychology, 17* (2), 246-258.

過勞腦：讓大腦一例一休、情緒排毒的8週正念計畫／趙安安 著. -- 初版. – 臺北市：時報文化，2018.3；面 ；14.8×21 公分. --（Life；039）
ISBN 978-957-13-7315-7（平裝）

1.情緒管理 2.生活指導

176.52 107000823

Life 039

過勞腦：讓大腦一例一休、情緒排毒的 8 週正念計畫

作者 趙安安 ｜ 主編 陳信宏 ｜ 編輯 尹蘊雯｜ 協力編輯 陳皓怡｜執行企畫 曾俊凱｜ 美術設計 FE設計｜ 總編輯 李采洪 ｜ 發行人 趙政岷 ｜ 出版者 時報文化出版企業股份有限公司 10803 台北市和平西路三段240 號 3 樓 發行專線—(02)2306-6842 讀者服務專線—0800-231-705・(02)2304-7103 讀者服務傳真—(02)2304-6858 郵撥—19344724 時報文化出版公司 信箱—台北郵政79-99 信箱 時報悅讀網—www.readingtimes.com.tw 電子郵件信箱—newlife@readingtimes.com.tw 時報出版愛讀者—www.facebook.com/readingtimes.2 ｜ 法律顧問 理律法律事務所 陳長文律師、李念祖律師 ｜印刷 勁達印刷有限公司 ｜ 初版一刷 2018 年 3 月16 日 ｜ 定價 新台幣320 元 ｜ （缺頁或破損的書，請寄回更換）

時報文化出版公司成立於一九七五年，一九九九年股票上櫃公開發行，二○○八年脫離中時集團非屬旺中，以「尊重智慧與創意的文化事業」為信念。